Erläuterungen und Dokumente

Friedrich Schiller
Die Jungfrau von Orleans

W0235711

HERAUSGEGEBEN VON
WOLFGANG FREESE UND ULRICH KARTHAUS
UNTER MITARBEIT VON
RENATE FISCHETTI

PHILIPP RECLAM JUN. STUTTGART

Schillers Tragödie »Die Jungfrau von Orleans« liegt unter
Nr. 47 in Reclams Universal-Bibliothek vor

Universal-Bibliothek Nr. 8164 [2]
Alle Rechte vorbehalten. © 1984 Philipp Reclam jun., Stuttgart
Gesamtherstellung: Reclam, Ditzingen. Printed in Germany 1987
ISBN 3-15-008164-5

Inhalt

KALENDER

AUF DAS JAHR 1802.

DIE
JUNGFRAU VON ORLEANS.

EINE ROMANTISCHE TRAGÖDIE

VON

SCHILLER.

BERLIN.
Bei Johann Friedrich Unger.

Titelblatt der Erstausgabe

I. Wort- und Sacherklärungen

Titel

romantische: Das altfrz. Wort »romanz« bedeutete zunächst ›Dichtung‹ in der Landessprache, dann ›Roman‹. Wegen der hierin anklingenden Bedeutung des Unwirklichen kam es 1650 in England zu dem Wort »romantic«, d. h. ›romanhaft, fabulös‹. Das deutsche »romantisch« ist 1698 erstmals in abschätziger Bedeutung belegt. Seit Rousseau aufgewertet, wurde es in den neunziger Jahren des 18. Jh.s zum Schlüsselbegriff einer Kunsttheorie; es bezeichnet fortan Ahnung und Gefühl im Gegensatz zu Vernunft und Verstand. Einen Hinweis auf sein Verständnis der Bezeichnung »romantische Tragödie« gibt Schiller im Brief an August Wilhelm Iffland vom 5. August 1803: »Ein Stoff wie das Mädchen von Orleans findet sich sobald nicht wieder, weil hier das weibliche, das heroische und das göttliche selbst vereinigt sind.« (Lecke, S. 448 f.)

Tragödie: von griech. »τραγῳδία« ›Bocksgesang‹, d. h. Gesang um den Bock als Preis oder Opfer, Trauerspiel.

Personen

Karl der Siebente: 1422–61 König von Frankreich, geb. Paris 22. Februar 1403, gest. Mehun-sur-Yèvre 22. Juli 1461, jüngerer Bruder der Prinzen Karl (gest. 1401), Ludwig (gest. 1415) und Johann (gest. 1417). Der Vater, Karl VI., wurde 1392 wahnsinnig und starb 1422. Bei der Thronbesteigung fand Karl in Heinrich VI. von England einen Rivalen vor, der den französischen Thron beanspruchte. Nördlich der Loire war Frankreich von den Engländern besetzt. 1429 wurde Karl in Reims gekrönt, 1437 gewann er Paris zurück, und bei seinem Tode war nur noch Calais in englischer Hand.

Königin Isabeau: Tochter des Herzogs Stephan II. von

Bayern-Ingolstadt, Gemahlin des wahnsinnigen Karl VI.
Sie war durch Graf d'Armagnac, den Vormund ihres
Sohnes Karl VII., wegen ihrer Beziehungen zur burgundi-
schen Partei verbannt worden und lebte machtlos in Paris.
Ihr unsittlicher Lebenswandel war bekannt.

Agnes Sorel: 1409–50, Geliebte Karls VII., von großem
Einfluß. Sie kam erst 1431 an den Hof.

Philipp der Gute: Herzog von Burgund 1419–67, Sohn des
ermordeten Johann ohne Furcht und Vetter Karls VII.
1420 hatte er mit Isabeaus Einverständnis mit den Engländern den Vertrag von Troyes geschlossen, demzufolge
Heinrich V. durch seine Ehe mit Katharina, Tochter
Karls VI., der Thron Frankreichs zuerkannt wurde. Vgl.
V. 1700.

Graf Dunois: Johann Bastard von Orleans (1402–68), natür-
licher Sohn des 1407 ermordeten Herzogs Ludwig von
Orleans. Dunois sollte es gelingen, die Engländer aus
Frankreich zu vertreiben. Vgl. Anm. zu V. 269.

La Hire: Etienne Vignoles La Hire (1390–1443), als französischer Heerführer ebenso bekannt für seine wilde Grau-
samkeit wie für seine Furchtlosigkeit. 1427 nötigte er
zusammen mit Dunois an der Spitze von 1600 Mann die
Engländer, die Belagerung von Montargis aufzugeben.

Du Chatel: Tanneguy Duchâtel (1369? – 1449?), Schwieger-
sohn des Grafen d'Armagnac, Vertrauter des Dauphin. Er
war zur Zeit der Handlung weder im Feld noch am Hof.

Erzbischof von Reims: Regnault de Chartres, zugleich
Kanzler von Frankreich. Er nutzte seinen Einfluß gegen
Johanna.

Chatillon: von Schiller erfunden.

Raoul: von Schiller erfunden.

Talbot: später Earl of Shrewsbury. Der Oberbefehlshaber
der Engländer, »der englische Achill«, wurde am 18. Juni
1429 bei Patay von der Jungfrau geschlagen und gefangengenommen, später ausgetauscht. Er fiel 1435 in der
Schlacht bei Castillon an der Dordogne. Schiller läßt ihn
in der Schlacht bei Reims umkommen, vgl. III,6.

Lionel: von Schiller erfunden. Er macht ihn zum jüngeren Bruder des Grafen Salisbury. Ein Lionel, Bastard von Vendôme, nahm Jeanne d'Arc 1430 bei Compiègne gefangen.

Fastolf: Sir John Fastolf (1378–1459), 1423 Statthalter in der Normandie, von Maine und Anjou. 1429 geleitete er während der Fastenzeit einen Provianttransport für die Orleans belagernden Engländer, der hauptsächlich aus Heringen bestand, und siegte in der »Heringsschlacht« am 12. Februar gegen überlegene französische Kräfte; aber am 18. Juni unterlag er mit Talbot bei Patay. Man hat ihn für das Urbild von Shakespeares Sir John Falstaff gehalten.

Montgomery: Adelsfamilie in Wales.

Thibaut d'Arc: Schiller nennt Johannas Vater Thibaut aus Gründen des Wohlklangs. Der historische Jacques d'Arc hatte drei Söhne und nur zwei Töchter. Petersen nimmt an, daß Schillers Erfindung durch die Exposition von Shakespeares »King Lear« beeinflußt sei (»Säkular-Ausgabe« VI,384).

Prolog

Prolog: von griech. »πϱόλογος« ›Vorspruch, Vorrede‹. Im griechischen Drama ursprünglich der dem Einzug des Chores voraufgehende Teil, der der Exposition dient.

Gegend: in der Nähe von Domrémy.

Heiligenbild: Bild der Jungfrau Maria, vgl. V. 1063.

Eiche: bei den Dorfbewohnern als Feenbaum bekannt. In den historischen Quellen ist es eine Buche.

Erster Auftritt

9 *Dagoberts:* Dagobert I., 629–639 merowingischer König, Stifter der Abtei St. Denis, wo die französischen Kroninsignien lagen.

10 *Sprößling:* Heinrich VI. von England. Schiller hat seine

Krönung zum König von Frankreich vorverlegt. Sie fand in Wirklichkeit erst nach Johannas Festnahme am 17. Dezember 1431 in Paris statt.

11 *Enkel:* Gemeint ist der Dauphin (Thronfolger), Karl VII.

14 *Vetter:* Philipp der Gute.

Pair: von lat. »pares« ›die Gleichen‹, in Frankreich politisch bevorrechtigter Angehöriger des Hochadels. Die Pairswürde ging aus der Tätigkeit der königlichen Vasallen als Urteilsfinder am königlichen Lehnshof hervor. Seit dem Ende des 12. Jh.s gab es je 6 geistliche und weltliche Pairs. Die Pairswürde wurde im Laufe der Revolution 1791 beseitigt und 1814–48 wiedereingeführt.

15 *Rabenmutter:* vgl. Hiob 38,41. Den Raben wird nachgesagt, daß sie ihre Jungen verlassen. Daß Isabeau an der Spitze eines englischen Heeres gestanden habe, ist freie Erfindung.

19–22 *Drum, liebe Nachbarn ... Beschützers:* vgl. Goethes »Hermann und Dorothea«, 2. Gesang, V. 102 f.: »Lieber möcht ich, als je, mich heute zur Heirat entschließen; / Denn manch gutes Mädchen bedarf des schützenden Mannes.«

20 *weil:* dieweil, während.

Zweiter Auftritt

43 *Jeannette:* die einzige Stelle, an der die französische Namensform gebraucht wird. Auch dem König und dem Herzog von Burgund gibt Schiller deutsche Vornamen. Vgl. Rapin III,428 (s. S. 54), wo Johanna sagt, »daß man sie in ihrer Heimat Jeannette und in Frankreich Johanna von Arc nenne«.

50 *Herbst:* Unstimmigkeit, da nach V. 310 f. »der Roggen« noch nicht »gelb« ist; der historischen Chronologie nach müßte es jetzt Februar sein.

55 *Jugendfülle:* vgl. Quicherat IV,203: »bien compassé de membres et forte«.

57 *die Blume deines Leibes:* In seiner Übersetzung des
»Prometheus« (»Neue Thalia« II,53) sagt Schiller: »deiner
Körperschönheit Blume«. Vgl. V. 1682.

74 *Trift:* Verbalsubst. zu »treiben«. Ort, wohin getrieben
wird. Vgl. Gift und geben, Heft und heben, Schrift und
schreiben.

75 *In Mitte ihrer Herde:* Nach Rapin III,428 ist sie eine
Wäscherin und Spinnerin. Im Prozeß (Verhör vom
22. Februar 1431) machte sie auf die Frage, ob sie in ihrer
Jugend »irgendeine Fertigkeit erworben« habe, die Aussage: »Ja, Spinnen und Nähen. Darin nehme ich es mit jeder
Frau in Rouen auf. Als ich bei meinem Vater war, habe
ich mich um das Hauswesen gekümmert. Die Schafe habe
ich nicht gehütet.«

80–156 *Das ist es ... Herrn des Himmels:* Hier spricht aus
Thibaut »ein leicht erregter, im Aberglauben der Zeit
befangener Christ, den Schiller mit künstlerischer Berech-
nung hervortreten läßt, da die Anklage im vierten Akte
gerade aus diesem und dem innigen Anteil, den er am
Seelenheil seiner Tochter nimmt, hervorgeht« (Düntzer,
S. 129). Vgl. V. 2890.

86 *gleich dem einsiedlerischen Vogel:* wie eine Eule.

93 *Druidenbaume:* Nach Rapin III,429, Pitaval XIX,6 und
de l'Averdy III,298 spricht Jeanne d'Arc vor Gericht von
einem »Zauberbaum« oder »Feenbaum«. Sie bestritt aber,
am Feenkult teilgenommen zu haben (de l'Averdy, S. 36,
und Jeanne d'Arcs Aussage vom 24. Februar 1431). Einer
Weissagung Merlins zufolge sollte die Retterin Frankreichs aus einem Eichenwald kommen. Schiller verbindet
das Motiv mit dem Kult der Kelten, deren Priester Drui-
den genannt werden.

94 *alle glückliche Geschöpfe:* Die starke Flexion attributiver
Adjektive hat sich bis zu Beginn des 19. Jh.s gehalten.

108 *Fürbaß:* altertüml. für ›weiter‹.

111 *Nicht Satans Werk:* vgl. Rapin III,430, wo Jeanne d'Arc
sagt, daß sie »mit der hlg. Catharina und der hlg. Marga-
retha bei dem Zauberbaume, und nicht mit Gespenstern,

wie man sie beschuldigte, sich besprochen habe«. Auch
im Prozeß bestritt Jeanne d'Arc wiederholt die Verbindung mit bösen Geistern und beteuerte, den Stimmen der
beiden Heiligen gefolgt zu sein.

113 *In Träumen:* die erste von zahlreichen Visionen und
Prophezeiungen. Vgl. V. 171 ff., 407 ff., 651 ff., 1012 ff.,
2133 ff., 3182 ff. Thibauts Traum ist erwähnt bei Rapin
III,429, bei Pitaval XIX,16, bei de l'Averdy III,304. Vgl.
1. Mose 37,5–11.

114 *Zu dreien Malen:* Die Kardinalzahl wird hier aus metrischen Gründen dekliniert.

115 *Reims:* Die Stadt war von Philipp II. (1180) bis zu
Karl X. (1824) Krönungsort der französischen Könige.

118 *drei weiße Lilien:* das Wappen des französischen Königshauses, die »fleur de lis«.

122 *Wie kommt ... Hütte:* vgl. Lk. I,43.

149 *grabe keine Wurzeln:* vgl. de l'Averdy III,38, dagegen
V. 3124.

156 *Der Satansengel ... Himmels:* vgl. Mt. 4,1–4.

Dritter Auftritt

165 *Vaucouleurs:* nördlich von Domrémy, ungefähr 35 km
flußabwärts der Meuse.

171 *Bohemerweib:* Zigeunerin, von frz. »bohémien, -ne«.

176 *Lanzenknechten:* Volksetymologie, fälschliche Um-
deutung der Bezeichnung ›Landsknecht‹, schon im
18. Jh., z. B. in Adelungs Wörterbuch, bekämpft. Lands-
knechte waren Söldner aus kaiserlichen Landen. Vgl.
engl. und frz. »lansquenet«.

193 *Mein ist der Helm:* vgl. V. 426 f.

197 *Tigerwolf:* frz. »loup-tigre« oder »guépard« bezeichnet
eine Hyänenart. Quicherat berichtet von Wölfen, die im
Winter 1420 bis ins Zentrum von Paris vorgedrungen
seien (vgl. den Artikel »Jeanne« in der »Biographie Uni-
verselle«). Goethes Dorothea war von ähnlicher Tapferkeit (vgl. »Hermann und Dorothea« VI,108 ff.).

201 f. *Stritt mit dem Wolf ... davontrug:* vgl. 1. Sam.
17,34 f. und Richt. 14,5 f.

206 *jene Flüchtigen:* s. V. 167.

208 *zwei großen Schlachten:* Gemeint sind die Schlachten
von Crevaut (1423) und Verneuil (1424), die aber nicht
unmittelbar zur Belagerung von Orleans führten.

212 *belagert:* Die Belagerung begann am Dienstag, dem
12. Oktober 1428. Vgl. Rapin III,247.263.294 f.

215 *der Bienen dunkelnde Geschwader:* vgl. »Ilias« 2,87 ff.

217 *Heuschreckwolke:* vgl. »Ilias« 21,12 f., Richt. 6,5.

222 *von der Sprachen:* vgl. »Ilias« 4,437 f. Schiller gebraucht hier homerischen Stil. Vgl. auch die folgenden
Komposita: z. B. *der Länder-Gewaltige* (V. 224 f.), *die
herdenmelkenden Holländer* (V. 232), *Mauern-Zertrüm-
merer* (V. 247 f.), *prächtig strömenden* (V. 313), *Den
himmelstürmend hunderthändigen* (V. 320) (Rudolf
Peppmüller, »Biblisches und Homerisches in Schillers
Jungfrau von Orleans«, in: »Archiv für Literaturgeschich-
te« 2, 1872).

226–233 *die Lütticher ... Westfriesland:* »Burgund besaß
damals keineswegs alle die Lande, welche ihm Schiller in
seiner glänzenden Schilderung zuschreibt. Lüttich stand
unter einem zum deutschen Reiche gehörenden Bischofe,
Namur kam erst 1429, Hennegau, Holland, Seeland und
Brabant 1430 an Burgund. Westfriesland hielt sich frei,
bis es sich 1457 dem deutschen Reiche unterwarf. Erst
Karl V. vereinigte es mit Burgund« (Düntzer, S. 134 f.).

246 *Jesabel:* vgl. 1. Kön. 21,23.

247 *Salisbury:* Thomas Montagu, Earl of Salisbury, der
Anführer der englischen Truppen, war schon 1428 bei
Beginn der Belagerung getötet worden. Vgl. V. 1195–97.

256 f. *oben späht ... Blick:* vgl. Shakespeare, »König Heinrich VI«, 1. Teil, I,4, wo der Büchsenmeister dasselbe von
Salisbury berichtet.

268 *Saintrailles:* Poton de Saintrailles hielt sich anfangs im
besetzten Orleans auf, kam später zum König nach Chinon und kehrte von dort mit Johanna zurück.

269 *Bastard:* Graf Dunois.

273 *Chinon:* Stadt in der Touraine, etwa 40 km südwestlich von Tours an der Vienne gelegen.

282 *Franke:* Franzose.

286 *Fahnen:* nach der im Feld als Erkennungzeichen benutzten Fahne Bezeichnung eines Truppenteils.

287 *Baudricour:* Nach den von Schiller benutzten »Mémoires secrets« war Baudricour Gouverneur von Vaucouleurs. Er brachte Jeanne d'Arc zum König nach Chinon. Vgl. Kap. VI die Darstellung bei Shaw.

297 *sich dem Burgund zu übergeben:* vgl. Pitaval XIX,20.

309 *Den er hoch an den Sternen aufgehangen:* vgl. de l'Averdy III,327.

315 *Eine weiße Taube:* vgl. Rapin III,421: »Man hat aus den Flammen, welche sie verbrannten, eine weiße Taube auffliegen sehen, zum Zeichen ihrer Reinheit.«

320 *himmelstürmend hunderthändigen:* vgl. Hesiod, »Theogonia« 148 ff., 617 ff., wo die hundertarmigen Söhne der Erde und des Himmels, Kottos, Briareos und Gyges mit Kronos, den Himmel stürmen.

321 *Tempelschänder:* vgl. Ps. 79,1.

335 *Apfel seines Auges:* vgl. Ps. 17,8.

337 *Hier scheiterte ... Macht:* Hinweis auf den Sieg Karl Martells 732 bei Tours und Poitiers über die Omaijaden, möglicherweise auch auf den des Aëtius über Attila 451 auf den Katalaunischen Feldern bei Troyes in der Champagne.

339 *des heil'gen Ludewig:* Hinweis auf Ludwig IX., den Heiligen, der 1270 in Nordafrika starb, dessen Leiche nach Frankreich überführt wurde und den Papst Bonifatius VIII. 1297 heiligsprach.

340 *Von hier aus ... erobert:* Anspielung auf den ersten Kreuzzug unter Gottfried von Bouillon 1096–99.

346 *Der König, der nie stirbt:* Hinweis auf den Ausspruch »Le roi est mort, vive le roi!«

349 *die Leibeignen ... führt:* Wie im Schlußvers des »Wilhelm Tell« spielt Schiller hier auf ein Problem seiner Zeit

an. Die Erbuntertänigkeit der preußischen Bauern wurde 1807 durch das Oktober-Edikt des Freiherrn vom Stein aufgehoben.

359 *Löwen um den Thron:* vgl. 1. Kön. 10,19.

371 *Das Glück der Schlachten ... Gottes:* vgl. Schillers Gedicht »Resignation« (1784): »Die Weltgeschichte ist das Weltgericht«.

372 f. *heil'ge Ölung ... Reims:* Hinweis auf die spätere Krönung Karls VII. in Reims (V. 2779 ff.).

Vierter Auftritt

383–392 *Lebt wohl... kehrt sie wieder!:* Johannas Monolog erinnert an Philoktets Abschied von der Insel Lemnos bei Sophokles und an Ossians Carrik-thura (Orkney-Insel): »Lebt wohl, ihr Felsen von Ardven! Ihr Hirsche! Ihr Ströme der Berge, lebt wohl! Nie kehren wir wieder zurück. Denn unsere Gräber sind fern.«

401–403 *auf des Horebs Höhen ... Pharao zu stehen:* vgl. 2. Mose 3,1–10.

404 *Knaben Isais:* David war Isais (Jesses) Sohn, vgl. 1. Sam. 16,1.

419 *Oriflamme:* frz. »oriflamme«, lat. »aurea flammula« ›Goldflamme‹. Der Goldwimpel war die Kriegsfahne der französischen Könige, wahrscheinlich urspr. das Banner der Abtei St. Denis, das, gleichgesetzt mit dem in der Karlssage erwähnten Banner Karls des Großen, die Könige als Schirmvögte des Klosters übernahmen.

428 *Cherubim:* Pl. für »Cherub« (hebr., griech., lat.) ›Engel, Paradieswächter‹, urspr. ›geflügeltes Wundertier mit menschlichem Antlitz‹.

Erster Aufzug. Erster Auftritt

444 *Normandie:* Tatsächlich hielten die Engländer die Normandie besetzt, und Dunois befand sich schon längere Zeit in Orleans.

448 *Troubadours:* provenzal.-frz. Bezeichnung für die pro-
venzalischen Minnesänger des Mittelalters.
451 *Connetable:* frz. »Connétable« (von mlat. »comes sta-
buli«) ›Stallmeister‹, seit dem 14. Jh. in Frankreich und
England Oberbefehlshaber des Heeres, in Frankreich
1627 als Amt abgeschafft. Gemeint ist hier Arthur Graf
Richemond, der sich schon vor der Belagerung von Orleans mit dem König überworfen hatte.

Zweiter Auftritt

463 *stolz verdrießlich:* Rapin sagt über den Grafen Richemond: »Sein Stolz konnte niemand bei Hofe dulden, der
nicht von ihm abhange« (III,284).
470 *René:* In der Erstausgabe merkte Schiller über ihn an:
»René der Gute, Graf von Provence, aus dem Hause
Anjou; sein Vater und Bruder waren Könige von Neapel,
und er selbst machte nach seines Bruders Tod Anspruch
auf dieses Reich, scheiterte aber in der Unternehmung. Er
suchte die alte provençalische Poesie und die Cour d'a-
mour wieder herzustellen und setzte einen Prince d'amour
ein, als höchsten Richter in Sachen der Galanterie und
Liebe. In demselben romantischen Geist machte er sich
mit seiner Gemahlin zum Schäfer. Vgl. Baumgartens
»Allgemeine Welthistorie« (1744–58), XXXVIII,20.
489–496 *Du hast nichts mehr ... zu erhalten:* Die Schilderung entspricht hier Rapin de Thoyras: »Durch die
Schlachten bei Crevant und Verneuil war er seiner Völker
und besten Anführer beraubt worden. Er hatte kein Geld
und niemandes Vertrauen. Alle seine Einkünfte waren
zum voraus verpfändet, und er befand sich gänzlich außer
stande, ein Heer ins Feld zu stellen [...] Der König von
Schottland, ein alter Bundsgenosse von Frankreich, hatte
mit den Engländern einen Stillstand getroffen, der ihm die
Hände band, und nicht verstattete, ihm Hilfsvölker zu
schicken. In diesem kläglichen Zustande betrachtete er
sich nicht anders, als ob er schon wirklich jenseit der

Loire getrieben worden, ohne Hoffnung, seine festen
Orte, die er noch um Paris hatte, länger erhalten zu
können. [...] Die Engländer nannten ihn nun nicht anders als den Grafen von Ponthieu oder zum Spott den
König von Bourges.« Vgl. III,275 f.

498 *Lombarden:* Die Lombarden, v. a. aus Mailand und
Genua, besaßen die Kontrolle über das Geldwesen. Vgl.
»Geschichte des Abfalls der vereinigten Niederlande von
der Spanischen Regierung« (NA XVII,28).

526 *Liebeshof:* Schiller wollte Johanna ursprünglich stärker
mit dem französischen Minnewesen in Zusammenhang
bringen. Vgl. dazu seine Ausführungen in Johann Gottfried Eichhorns »Geschichte der Künste und Wissenschaften«, Göttingen 1786, I,102.107.153, sowie einen Aufsatz Karl Ludwig Woltmanns aus den »Horen« 1795,
V. Stück, S. 19, 25: »Eine Schwärmerin wie Jeanne d'Arc
rührte eine doppelte Saite der französischen Phantasie,
wie sie durch das Ritterwesen und die Religion gestimmt
war, nämlich als ein heroisches Mädchen und ein religiö-
ses Wunder. Darum waren die Folgen ihrer Erscheinung
so erstaunenswürdig. Welches angenehme Beispiel von
der Gewalt, welche durch die Gesänge der Troubadours
und die Gerichtshöfe der Liebe edle und reizende Frauen
über das männliche Geschlecht erhalten hatten, und von
dem heroischen Sinne, der ihnen selbst durch ihre Macht
eingeflößt war, finden wir in der Gemahlin Karls des
Siebenten und seiner Geliebten Agnes Sorel!«

533 *ich bin ihr Sohn:* Voltaire nannte Dunois gleichfalls
»enfant de l'amour«.

543 *Tafelrunde:* Gemeint ist die Tafelrunde des Königs
Artus. 1782–85 hatten Johann Jakob Bodmer und Christoph Heinrich Myller die deutsche Artus-Dichtung bekannt gemacht.

Dritter Auftritt

568 *Graf von Rochepierre:* Der Name ist Schillers Erfindung. Der Kommandant hieß in Wirklichkeit Gaucourt.

570 *Vertragen mit dem Feind:* älterer Sprachgebrauch für ›einen Vertrag abschließen‹.

583–585 *So ist ... Saintrailles tot!:* Saintrailles starb erst 1461.

587 *Graf Douglas:* Graf Douglas, Anführer der schottischen Truppen, war bereits 1424 in der Schlacht bei Verneuil gefallen.

598 f. *Reißt mich in Stücken ... statt Goldes:* vgl. Shakespeare, »Julius Caesar« IV,3,72 f., sowie »Timon von Athen« III,4,91–100.

Vierter Auftritt

608–612 *Hier, hier ist Gold ... Truppen:* Schiller hat diese edelmütige Tat, die in den »Mémoires secrets« von der Königin berichtet wird (Agnes Sorel kam erst 1431 an den Hof), der Sorel zugeschrieben, um Voltaires negativer Zeichnung dieser Person zu begegnen.

616 *Sie ist edel:* Agnes war nicht adelig.

618 *Valois:* französisches Herrschergeschlecht, regierte 1328–1589.

619 *doch sie verschmäht ihn:* In konsequenter Vermeidung aller Hinweise auf die Königin läßt Schiller den König unverheiratet erscheinen.

629 *schöpft ins lecke Faß der Danaiden:* sprichwörtl. für ›sich vergeblich bemühen‹. 49 der 50 Töchter des Danaos hatten in der Hochzeitsnacht ihre Männer ermordet und mußten zur Strafe in der Unterwelt Wasser in Gefäße mit durchsiebtem Boden schöpfen.

652 *Weissagung:* Schiller fand das Orakel in den Quellen erwähnt (Pitaval XIX,26, de l'Averdy III,305, Rapin III,297); indem er es zweideutig erscheinen läßt, setzt er die Frauenrollen zueinander in Beziehung.

653 *Clermont:* etwa 15 km westlich von Verdun.

Fünfter Auftritt

682 *den Mörder seines Vaters:* Hinweis auf die Ermordung
Johanns ohne Furcht auf der Yonnebrücke von Monte-
reau im Jahre 1419 durch Du Chatel (Rapin III,252). Vgl.
V. 687 und 1397.

688 *warf ihm deinen Handschuh hin:* nach ritterlicher Sitte
Aufforderung zum Zweikampf.

697 *Parlamente:* oberster Gerichtshof, gegründet von Ludwig XI., ab 1300 in Paris. Mit dem Aufstieg der Bourbo-
nen schwand die Macht des Parlaments; es wurde jedoch
erst 1790 endgültig abgeschafft.

701 *Des Throns verlustig:* Dieser Beschluß war bereits 1420
im Vertrag von Troyes erfolgt; Heinrich V. wurde der
Thron zugesichert, dem Dauphin die Thronfolge wegen
der Ermordung Johanns ohne Furcht aberkannt.

705 *Königskrönung:* fiktiv, denn Heinrich VI. wurde erst
1431 gekrönt, nach dem Tod Johannas (Mai 1431) und der
Krönung Karls VII. zu Reims (Juli 1429). Vgl. V.
2780–82.

706 *Saint-Denis:* Vorort von Paris.

715 *Harry Lancaster:* Heinrich VI., Lancaster, König von
England 1422–61, 1431 auch zum französischen König
gekrönt; bei Regierungsantritt noch Kind.

718 *Bedford:* Herzog John von Bedford, ältester Bruder
Heinrichs V., Regent von Frankreich.
Gloster: Herzog Humphrey von Gloucester, jüngster
Bruder Heinrichs V., Regent von England.

721 *Pair:* vgl. Anm. zu V. 14.

738 *Megäre:* eine der drei mitleidlosen Rachegöttinnen
(Erinnyen) der griechischen Mythologie.

780 *Furien:* röm. Bezeichnung der Erinnyen. Vgl. Anm. zu
V. 738.

781 *zwanzig Jahre:* tatsächlich: dreißig Jahre.

792 *der Parteien Wut:* Der offene Streit zwischen den
Armagnacs (der Orleans-Partei) und Burgund war 1407
mit der Ermordung Ludwigs von Orleans, Bruder

Karls VI., durch Johann ohne Furcht von Burgund ausge-
löst worden.

816 *Das styg'sche Wasser:* In der griechischen Mythologie
war das Wasser des Flusses Styx von tödlicher Wirkung.

822 f. *Soll ich ... Schwert?:* vgl. Salomos Urteil (1. Kön.
3,16–28).

832 *Rocken:* Spinnrocken.

857 *unkriegerisch gezeugt:* vgl. Homer, »Ilias« 13,777.

871 *Wir gehen über die Loire:* Rückzug in das ihm noch
untergebene südliche Frankreich.

Sechster Auftritt

885 *Mach Frieden ... Burgund:* vgl. Anm. zu V. 682.

Siebenter Auftritt

910 *Gesänge:* Anspielung auf die Troubadourlyrik.

Neunter Auftritt

939–966 *Wir hatten ... Mächtige:* Schiller weicht auch hier
von der Geschichte ab. Jeanne d'Arc hatte sich anfangs
nach Vaucouleurs begeben, wo sie den Hauptmann von
Vaucouleurs drängte, er möge sie zum Dauphin führen.
Als Vaucouleurs sie schließlich nach Chinon brachte,
mußte Johanna sich eingehenden Prüfungen unterziehen,
ehe der Hof ihre Sendung anzuerkennen bereit war.

943 *Vermanton:* Städtchen an der Cure, einem Nebenfluß
der Yonne, etwa 25 km südlich von Auxerre.

952–984 *da stellte sich ... kein Mann vermißt:* Indem Schiller den Bericht aus den »Mémoires secrets« übernimmt,
weicht er auch hier von der Geschichte ab.

Zehnter Auftritt

1006–09 *Bist du es ... bin ich gesendet:* vgl. Shakespeare, »König Heinrich VI.«, 1. Teil, I,2,64–70.

1022 *Es waren drei Gebete:* Auch in den Quellen (Pitaval, de l'Averdy) fand sich der Hinweis darauf, daß Johanna ein Geheimnis Karls erraten habe.

1050 *Kirchensprengel:* ›geistlicher Amtsbezirk, Diözese, Pfarrei‹; von »sprengen« in der Bedeutung ›spritzen‹.

1063–65 *Ein uralt Muttergottesbild ... Eiche steht daneben:* vgl. die Szenenanweisung zum Prolog.

1095 *weiße Lilien:* vgl. Anm. zu V. 118.

1150 *ein Gewölb:* Im Prozeß sagte Jeanne d'Arc aus, sie sei auf dem Weg nach Chinon, dem Ort ihrer ersten Begegnung mit Karl, durch Fierbois gekommen und habe in der Kapelle der heiligen Katharina drei Messen gehört. Später empfing sie von ihren Stimmen den Auftrag, hinter dem Altar dieser Kapelle nach einem Schwert suchen zu lassen. Man fand es unter der Erde. Es war rostig und hatte fünf Kreuze (keine Lilien).

1157–62 *eine weiße Fahne ... heil'ge Mutter:* Das Banner hatte für Johanna eine noch größere Bedeutung als das Schwert. Vgl. die Prozeßakten: »Magister Beaupère: ›Was war Euch lieber, Eure Fahne oder Euer Schwert?‹ Johanna: ›Meine Fahne. Sie war mir viel lieber – hundertmal lieber als das Schwert. Ich trug meine Fahne selbst, wenn ich angriff; ich wollte vermeiden, einen Menschen zu töten. Niemals habe ich einen Menschen getötet.‹« Johanna behauptete, die Fahne von Gott erhalten zu haben. Auf Geheiß ihrer Stimmen habe sie Gott und zwei Engel darauf malen lassen.

Elfter Auftritt

1173 *Den Grafen von Ponthieu:* Da sie Karl den Anspruch auf den französischen Thron aberkannten, nannten die Engländer ihn weiterhin Graf von Ponthieu, ein Titel, den

Karl abgelegt hatte, als er mit dem Tod seines Bruders
Dauphin wurde (vgl. de l'Averdy III,198).

1195–97 *Er lebte ... niedersah:* vgl. Anm. zu V. 247.

1208–21 *König von England ... Reichs begleitet:* Diese
Botschaft entspricht weitgehend einem Brief Jeanne
d'Arcs an die Engländer, den Schiller in seinen Quellen
erwähnt fand. Vgl. Rapin III,426: »König von England!
gebet Rechenschaft dem Könige des Himmels, seines
königlichen Bluts wegen. Gebet der Jungfer die Schlüssel
zu allen treuen Städten wieder, die Ihr erzwungen habt.
Sie ist von Gott gekommen, um das königliche Blut
wieder zu fordern, und vollkommen willig, Frieden zu
machen, wenn Ihr thun wollt, was recht ist, so daß Ihr
Euch zum Ziele legt und wieder bezahlet, was Ihr genommen habt. König von England, wenn Ihr dieses nicht
thut, so bin ich das Kriegshaupt: ich treffe Eure Leute in
Frankreich an, wo ich will, so werde ich sie herausjagen,
sie mögen wollen oder nicht. Wenn sie gehorsam sein
wollen, so werde ich sie zu Gnaden annehmen. Die
Jungfer kommt vom Könige des Himmels geschickt,
Euch aus Frankreich herauszujagen. Und wenn Ihr meiner Stimme nicht folgen werdet, so wird sie einen so
großen Lärm machen, daß in tausend Jahren ein so großes
in Frankreich nicht erhöret sein soll. Und glaubt nur
festiglich, daß der König des Himmels ihr und ihren
rechtschaffenen Kriegsmännern mehr Macht zusenden
wird, als Ihr nicht haben könnet. Um Gottes willen,
kehret doch in Euer Land zurück. Bestehet nicht auf
Eurer Meinung: denn Ihr werdet Frankreich von dem
Könige des Himmels, dem Sohne der heiligen Maria,
nicht erhalten: sondern Karl, der König und wahre Erbe,
wird es behalten, dem es Gott gegeben hat, und wird in
Paris in guter Gesellschaft einziehen. Ihr, Wilhelm Poul-
let, Graf von Suffolk, Johann, Herr von Talbot, Thomas,
Herr Escalles, Lieutenants des Herzogs von Bedford, und
Ihr, Herzog von Bedford, der Ihr Euch Verweser des
Königreichs Frankreich nennet, verschonet des unschul-

digen Bluts. Laßt Orleans in Freiheit. Wo Ihr dem nicht sein Recht erweiset, dem Ihr unrecht thut, so werden die Franzosen die herrlichste That thun, die jemals in der Christenheit geschehen ist. Höret die Nachrichten Gottes und der Jungfer!«

Zweiter Aufzug. Erster Auftritt

1243 f. *Poitiers, Crequi / Und Azincourt:* Hinweis auf die drei großen Siege der Engländer 1356, 1346 und 1415.

1267 *Wer krönte euren Heinrich:* vgl. Anm. zu V. 705.

1285 *Reichsverweser:* der Herzog von Bedford, vgl. Anm. zu V. 718.

Zweiter Auftritt

1383 *Eure Gegenwart schafft hier nichts Gutes:* vgl. Rapin III,325: »Sie [Isabeau] war bei allen Franzosen insgeheim verhaßt, welche diese Fürstin als die vornehmste Ursache des Untergangs des Reiches ansahen. Die Engländer achteten sie auch nicht sonderlich«.

1397 f. *Ich räche ... heiligt meine Waffen:* vgl. Anm. zu V. 701.

1426 *Gleisner:* Heuchler.

1432 *Der sich den Guten schelten läßt:* vgl. Anm. zu V. 14.

1444 *dem wahnsinn'gen Gatten:* Karl VI. war 1392 dem Wahnsinn verfallen und mußte die Regentschaft abgeben.

1453 *Melun:* Stadt an der Seine, südlich von Paris.

Dritter Auftritt

1472 *über den Strom zurück:* auf das nördliche Loire-Ufer, wo Orleans liegt und die Engländer soeben geschlagen wurden.

1489 *ihres Buhlen:* Bei Shakespeare fehlt jede Andeutung auf eine solche Beziehung.

Vierter Auftritt

[Szenenanweisung] *weiblich gekleidet:* Die historische Jeanne d'Arc trug Männerkleidung, was zu einem der Hauptanklagepunkte im Prozeß wurde.

1513 *Doch nimm das Schwert ... nicht selbst:* die historische Jeanne d'Arc trug zwar das Schwert, vergoß jedoch kein Blut (vgl. Anm. zu V. 1157–62). Shakespeare dagegen läßt sie kämpfen.

Fünfter Auftritt

1530–48 *Sie hören nicht ... Siegesruhm?:* vgl. Shakespeare, »König Heinrich VI.«, 1. Teil, I,5,19–32.

1546 *Gauklerin:* Zauberin, Taschenspielerin.

Sechster Auftritt

Dieser und die beiden folgenden Auftritte erinnern an Homers »Ilias« und sind in Trimetern abgefaßt, angeregt von Goethes Helena-Szenen in »Faust II«. Die Gestalt Montgomerys, obgleich in einer Quelle belegt (»Chronique d'Enguerrau du Monstrelet«), ist teilweise dem Lykaon (»Ilias« 21) nachgebildet.

1563 *Savern':* Severn: englischer Fluß, der in der Walliser Grafschaft Montgomeryshire entspringt.

Siebenter Auftritt

1586 *Wallis:* Wales.

1599–1602 *Denn dem Geisterreich ... verhängnisvoll entgegengeschickt:* Schillers Deutung von Johannas Sendung entspricht nicht der historischen Überlieferung. Vgl. Anm. zu V. 1157–62 und 1513.

1608–11 *Nicht mein Geschlecht ... kein Herz:* Hier ist sich Johanna ihrer Sendung am stärksten bewußt; zugleich wird deutlich, wie Schiller sie sich als Verkörperung seiner Idee des Erhabenen vorstellte.

1646 *Himmelwagen:* Sternbild.
1660 *mich treibt die Götterstimme:* vgl. Anm. zu V. 1608–11.
1666 f. *aber endlich ... erfüllen mein Geschick:* vgl. Homer, »Ilias« 21,110–113. Im Prozeß sagte Jeanne d'Arc aus, daß sie von der bevorstehenden Verwundung gewußt, dennoch aber bis zu ihrem Ende auf Rettung gehofft habe.

Achter Auftritt

1682 *Den blühenden Leib:* vgl. Anm. zu V. 57.

Neunter Auftritt

1687–90 *Verfluchte! ... aufgestiegen bist:* vgl. Shakespeare, »König Heinrich VI.«, 1. Teil, I,5,4–7.
1694 *die burgund'sche Binde:* Schärpe der Burgunder.

Zehnter Auftritt

1709 *Circe:* in der griechischen Mythologie Zauberin, Tochter des Helios und der Perse. – Vgl. Shakespeare, »König Heinrich VI.«, 1. Teil, V,3,35.
1730–1811 *Was willst du tun ... er ist unser!:* Die Versöhnung mit Burgund fand Schiller bei Shakespeare (vgl. »König Heinrich VI.«, 1. Teil, III,3,40–91); sie ist hier vordatiert. Philipp schloß erst 1435 Frieden mit Karl VII.

Dritter Aufzug

Chalons an der Marne: Karls Truppen standen bereits kurz vor Reims (etwa 30 km südöstlich).

Erster Auftritt

Diesen Auftritt hat Schiller nach der Uraufführung einge-
fügt. Vgl. seinen Brief an Körner vom 9. November 1801:
»In der Johanna habe ich eine neue Scene zwischen Dunois
und Lahire zu Anfang des dritten Aufzugs gefunden, die mir
sehr an ihrem Platz scheint. Was Dunois nachher bei Johannas Standeserhöhung sagt, erhält dadurch mehr Gewicht«
(»Briefwechsel mit Körner« II,389).

Zweiter Auftritt

Zur historischen Echtheit dieser und der folgenden Szene
vgl. Anm. zu V. 1730–1811. Der Friede von Arras (1435)
brachte zwar die Versöhnung zwischen Burgund und Frankreich, entließ Burgund jedoch aus der französischen Lehns-
abhängigkeit und bestärkte seine Autonomie.

1895 f. *Du Chatel! ... verborgen bleiben!:* vgl. Anm. zu
  V. 682.
1899 *Instrument:* Urkunde, Vertrag.

Dritter Auftritt

1934 *Arras:* Stadt in Flandern, wo Philipp Hof hielt.
1937 *den Stapel halten:* ausgestellt werden; vgl. das mnd.
  »stapel« ›Warenhaufen, -niederlage‹.
1941 *Brügg':* Brügge, eine der führenden Hansestädte.
1953–55 *dies Herz ... diesen Tag gesehn!:* vgl. Lk. 2,29 f.
1973 f. *Diesen Engelländer / Konnt' ich krönen:* vgl. Anm.
  zu V. 705.
1993 *Phönix:* ein heiliger Vogel im alten Ägypten, der sich
  nach römischer mythologischer Auffassung in bestimmten Abständen selbst verbrennt und aus der Asche ver-
  jüngt wieder aufsteigt. – Vgl. Shakespeare, »König Heinrich VI.«, 1. Teil, IV,7,93.

Vierter Auftritt

2026 *als Priesterin geschmückt:* Schiller scheut nicht davor zurück, heidnische Vorstellungen mit der Jungfrau-Legende zu verbinden.

2047 f. *Kein Unrecht … vergebe!:* vgl. Anm. zu V. 682.

2054–63 *Ein güt'ger Herr … ohne Vorbehalt:* vgl. Mt. 5,45 (Bergpredigt).

2070 *Todesgötter:* vgl. Anm. zu V. 2026.

2091–2101 *du wirst … das Verderben!:* Ähnliche Ausblicke in die Zukunft fand Schiller in Vergils »Aeneis« (z. B. 1,234–237; 3,94–98.374–462; 4,229–231; 6,83–97.756 bis 853; 12,819–828), wo sie dem Grundgedanken der Dichtung entsprachen.

2098–2101 *Der Hochmut … das Verderben!:* Anspielung auf die Französische Revolution von 1789.

2109 f. *eine Hand von oben … Halt gebieten:* Mit dem Tod von Philipps Sohn, Karl dem Kühnen, erlosch 1477 die männliche Erbfolge des Hauses Burgund. Maria, Tochter Karls des Kühnen, wurde mit Maximilian von Österreich (dem späteren Maximilian I.) vermählt, wodurch große Teile Burgunds (v. a. die Niederlande) an das habsburgische Reich fielen.

2117 f. *Und einer neuen … unbeschifften Meeren:* Anspielung auf die Entdeckung Amerikas durch Christoph Kolumbus 1492.

2148 *die Lilie im Wappen:* Johannas Wappen zeigt ein Schwert mit Krone und zwei goldene Lilien auf blauem Feld. Tatsächlich wurde sie erst nach Karls Krönung in den Adelsstand erhoben.

2203 f. *Ich bin die Kriegerin … Gattin sein:* vgl. Shakespeare, »König Heinrich VI.«, 1. Teil, I,2,113 f.

2205 f. *Dem Mann zur liebenden Gefährtin … geboren:* vgl. 1. Mose 2,18 und Spr. 31,10–31.

2251 *Ihr Kleingläubigen!:* vgl. Mt. 6,30; 8,26; 16,8; Lk. 12,28.

Fünfter Auftritt

2284 *Die Krone mir erfechten:* übernommen von Rapin III,348. Der historische Karl hat sich nie am Kampf beteiligt.

Sechster Auftritt

2294 *um zu sterben:* Schiller läßt Talbot bereits in der Schlacht von Patay (Poitiers) sterben. Der historische Talbot fiel erst 1453 bei Castillon, bei Poitiers geriet er in Gefangenschaft.

2306 *Vom Strahl dahingeschmettert:* vgl. den Tod des Ajax in Vergils »Aeneis« 1,41–45.

2309 *Paris hat sich vertragen mit dem Dauphin:* Zur Aussöhnung kam es erst nach der Eroberung von Paris 1436.

2319–30 *Mit der Dummheit ... Gehört die Welt:* Talbot wird von Schiller als materialistischer Nihilist dargestellt und damit als Gegenspieler Johannas, deren Existenz idealistisch begründet ist.

2320 f. *lichthelle Tochter / Des göttlichen Hauptes:* Die aus dem Haupte des Zeus in voller Rüstung entsprungene Göttin Athene, die Göttin der Künste, der Handwerke und des Krieges, wurde in der späten klassischen Antike allgemein als Göttin der Weisheit angesehen.

2346–54 *Bald ist's vorüber ... Einsicht in das Nichts:* Als konsequenter Materialist leugnet Talbot die Existenz alles Transzendenten.

Siebenter Auftritt

2357 *Der Tag ist unser:* vgl. Shakespeare, »König Heinrich VI.«, 1. Teil, I,5,18.

2362 *Habt Achtung vor dem Toten:* vgl. dagegen Shakespeare, »König Heinrich VI.«, 1. Teil, IV,1,13–23.

2366 *des Verräters:* vgl. Anm. zu V. 1730–1811.

Neunter Auftritt

Ein Ritter in ganz schwarzer Rüstung: Lange deutete man
den schwarzen Ritter als Talbots Höllengeist, seit Petersen sieht man jedoch die Erscheinung als Übernahme
einer literarischen Tradition, die von den Trugbildern in
Homers »Ilias« und Shakespeares Geistererscheinungen
auf Schiller gekommen ist, um die Wende in der folgenden
Szene vorzubereiten.

Zehnter Auftritt

Als literarisches Vorbild dieser Szene betrachtet man den 3.
Gesang von Tassos »Befreitem Jerusalem«.

2465–72 *Die heil'ge ... Macht gegeben war:* Goethe schrieb
zu dieser Stelle: »Der Hauptfehler in dem Motiv der
Jungfrau von Orleans, wo sie von Lionel ihr Herz getroffen fühlt, ist, daß sie sich dessen bewußt ist, und ihr
Vergehen ihr nicht aus einem Mißlingen oder sonst entgegen kommt. (Wie z. E. dem Weibe in dem indianischen
Märchen, in deren Hand sich das Wasser nicht mehr
ballt.)« (27. Mai 1807).

2482 *Gebrochen hab ich mein Gelübde!:* vgl. V. 411 f. und
2197–2204.

Vierter Aufzug

Festons: Girlanden.

Erster Auftritt

2521 *in Festes Glanz:* wegen der bevorstehenden Krönung.
2568 *Mitleid!:* Johannas Sendung ist in Konflikt geraten mit
ihrer Menschlichkeit und verursacht ihren tragischen Fall.
2571 *Walliser:* Montgomery. Vgl. V. 1653–63.
2582 *Frommer Stab!:* Hirtenstab. – Die folgenden Strophen
erinnern an das später entstandene Gedicht »Kassandra«
(1802).

Zweiter Auftritt

2625 *Pairs:* vgl. Anm. zu V. 14.

2626 *Insignien:* die Abzeichen königlicher Macht und
Würde (s. IV,6).

2639 *Pallas:* Beiname der jungfräulichen Göttin Athene,
vgl. Anm. zu V. 2320 f.

2695 *das Allerfreuende, die Sonne:* König Karl.

2711–13 *Du bist die Heilige! ... die Verräterin!:* Mit diesem
Schuldbekenntnis offenbart Johanna ihren tragischen
Konflikt, den Schiller ganz in ihre eigene Person verlegt
hat.

Dritter Auftritt

2723 *Die Fürsten ... das Volk:* vgl. Goethe, »Iphigenie«, V.
1422.

2731–33 *Es ist dieselbe ... Erdenkugel schwebt:* vgl. Anm.
zu V. 1157–62.

Vierter Auftritt

2764 *Platforme:* von frz. »plate-forme« ›Terrasse vor der
Kirche‹.

2781 *der Pariser ihrer:* vgl. Anm. zu V. 705.

Fünfter Auftritt

2785 *Wir werden unsre Schwester sehen:* Das Zusammen-
treffen Johannas mit ihrer Familie fand Schiller bei l'Averdy erwähnt.

Sechster Auftritt

Hellebardierern: Träger von Hellebarden (eine Stielaxt).
Marschälle: von ahd. »merha« ›Stute‹ und »skalk« ›Knecht,
hoher Hofbeamter‹; seit dem 16./17. Jh. höchster Gene-
ralstitel. Sein Stab ist ursprünglich das Sinnbild der vom
Marschall ausgeübten höchsten Gerichtsbarkeit.

Schwert: Das Schwert war bereits in Ägypten Zeichen der
  absoluten Herrschergewalt der Pharaonen; hier ist es
  Sinnbild der Macht und der strafenden Gerechtigkeit.
Zepter: von griech. »σκῆπτρον« ›Stab; Herrscherstab‹;
  Sinnbild höchster Gewalt und Würde, das seinen Ur-
  sprung in der Verehrung des Baumes hat.
Reichsapfel: (Welt-)Kugel mit Kreuz, Sinnbild der Königs-
  herrschaft.
Sainte Ampoule: Fläschchen mit dem Salböl der französischen Könige. Chlodwig soll es durch eine Taube vom
  Himmel empfangen haben, während der Französischen
  Revolution wurde es vernichtet. – In der Berliner Aufführung unter Ifflands Regie 1804 wurde dieser Krönungszug
  besonders prunkvoll realisiert. – Die historische Krönung
  fand am 16. Juli 1429 statt.

Siebenter Auftritt

2808–13 *Der Traum des Vaters ... so groß zu sehn!:* vgl.
  V. 112–132.

Achter Auftritt

nach 2845 *adoriert:* betet an, verehrt, huldigt.

Neunter Auftritt

2854–57 *Ich kann nicht ... muß ich suchen!:* vgl. Goethe,
  »Faust I«, V. 3808–20 (Domszene).
2898 *Da ich die Herde trieb:* vgl. Anm. zu V. 75.

Zehnter Auftritt

2957 *Denis:* Saint-Denis (Dionysius), von Papst Fabian
  nach Gallien geschickt, erster Bischof von Paris, starb
  gegen Ende des 3. Jh.s dort den Märtyrertod und gilt als
  Schutzpatron Frankreichs.

Elfter Auftritt

Von dieser Szene an ist die Handlung frei erfunden. Die historische Jeanne d'Arc geriet im Mai 1430 bei Compiègne in Gefangenschaft, wurde im Februar 1431 in Rouen angeklagt, war im Prozeß sehr standhaft, unterschrieb jedoch am 24. Mai eine Abschwörungsformel und wurde am 30. Mai 1431 als Hexe öffentlich verbrannt.

2980 *schlechte:* von ahd. »slecht« ›eben, geglättet‹, soviel wie ›schlicht‹.

2990 *Zauberbaum:* vgl. Anm. zu V. 93.

2992 *Sabbat:* von hebr. »Schabbath« ›Ruhetag am Samstag‹. Hier: Hexensabbat. Vgl. die Walpurgisnacht in Goethes »Faust«.

2995 f. *die Punkte, / Womit die Hölle sie gezeichnet hat:* Schiller hatte sich aus der Weimarer Bibliothek Jakob Döplers »Theatrum poenarum« (1693) ausgeliehen, wo es heißt: »Der Teufel pfleget auch wohl öffters seinen lieben Getreuen, so bald er einen Bund mit ihnen gemacht, dieselbe in seinem Namen gemißtauffet, sie die Heilige Dreyfaltigkeit verschworen, und er mit ihnen unmenschliche Unzucht getrieben, ein Merckmahl oder Zeichen einzudrücken [. . .] Bey etlichen sind es nur schwartze Strichlein oder runde Zirckel oder Flecken, wie ein Dreyer oder Groschen. Theils Hexen bekennen, daß der Satan ihnen solche mit seinen Klauen eingedrückt, andere aber, er hätte ihnen dieselbe gebissen.« Außerdem hatte Schiller den »Malleus maleficarum« (dt.: Hexenhammer), das Lehrbuch des Hexenwahns und der Hexenverfolgung der päpstlichen Inquisitoren Heinrich Institoris und Jakob Sprenger, ausgeliehen. Von Körner erhielt er einen Hinweis auf 25 weitere Werke über Hexenprozesse, die er aber unbeachtet ließ, weil er seiner poetischen Einbildungskraft folgte (Brief an Körner vom 25. Juli 1800).

nach 3020 *Donnerschlag:* vgl. dazu Schillers Brief an Goethe vom 3. April 1801: »Der Schluß des vorlezten Acts ist sehr theatralisch, und der donnernde Deus ex machina

wird seine Wirkung nicht verfehlen« (Jonas VI,266).
Auch in Shakespeares »König Heinrich VI.«, 1. Teil, V,3,
donnert es.

Fünfter Aufzug. Dritter Auftritt

3107 *Anet:* Der Name kommt in Jean-Jacques Rousseaus
Briefroman »La nouvelle Heloïse« (1761) vor.

Vierter Auftritt

3192 f. *ohne Götter fällt kein Haar / Vom Haupt des Menschen:* vgl. Mt. 10,29–31 sowie Lk. 12,7 und 21,18.

Fünfter Auftritt

3219 f. *Ihr ganzer Zauber / Ist euer Wahn:* Isabeaus Haltung
entspricht der Talbots. Vgl. Anm. zu V. 2319–30.

Achter Auftritt

3303 *Ardennerwald:* im Meuse-Tal, nordöstlich von Reims.
3321 *Palladium:* Palladion, Kultbild der Pallas Athene, das
als Schutzbild einer Stadt galt, wie z. B. in Troja, das erst
fiel, nachdem Odysseus und Diomedes das Bildnis geraubt hatten.

Zehnter Auftritt

3369–73 *Eilt, Feldherr … frisch zu fechten!:* vgl. Shakespeare, »Julius Caesar« V,1,12–15.
3383 f. *Wir wollen … bereiten:* vgl. Anm. zu V. 1243 f.
3392 *Mich zu befreien … Wunsch:* Ähnlich hatte auch
Jeanne d'Arc im Prozeß ausgesagt.

Elfter Auftritt

3421 *Barberroß:* Berberpferd: von nordafrikanischen Berbern gezüchtete Pferderasse.

3426 *Verräter:* vgl. Anm. zu V. 1730–1811.

3449 *Gott! . . . nicht verlassen!:* vgl. die Worte des gekreuzigten Jesus, Mt. 27,46 und Mk. 15,34 nach Ps. 22,2.

3461 *O hat der Himmel keine Engel mehr!:* vgl. Christoph Martin Wielands Verserzählung »Oberon« (1780) X,8.

3468–70 *Leicht ist es . . . Ketten fallen ab:* vgl. Richt. 15,14.

3471–76 *diese Turmwand . . . das Gebäude:* vgl. Richt. 16,26–30.

nach 3478: Die historische Jeanne d'Arc hatte mehrmals zu entkommen versucht. Pitaval schreibt nach Erzählung ihrer Gefangennahme bei Compiègne: »Die Gefangene war von dem Offizier, dem sie sich ergeben hatte, dem General Grafen von Ligny überliefert worden und wurde nun von einem Schlosse aufs andere geführt. Als sie sich auf dem Schlosse Beaurevoir in Artois befand, gab man ihr die ungegründete Nachricht: Compiegne sei aufs äußerste gebracht; die Stadt habe zwar Kapitulation angeboten, aber man wolle das Anbieten nicht annehmen, sondern die sämtlichen Einwohner ohne Unterschied des Alters und Geschlechts über die Klinge springen lassen, um den übrigen für *Karln* gestimmten Städten ein warnendes Beispiel aufzustellen. Johanne, durch diese Nachricht innigst gerührt, beschloß alles zu wagen, um der bedrängten Stadt zu Hülfe zu kommen. Sie sprang vom Thurm des Schlosses hinab. Allein sie fiel so unglücklich, daß sie nicht weiter konnte, und wurde wieder ergriffen. – Vor Compiegne ereignete sich inzwischen gerade das Gegentheil von jener Nachricht. Die Feinde mußten die Belagerung aufheben, und verloren einen großen Theil ihrer Armee und alles Gepäck« (S. 329 f.).

Zwölfter Auftritt

3480 *Wie brach sie diese ... Bande?:* vgl. Apg. 12,7.

Vierzehnter Auftritt

nach 3536: vgl. »Wilhelm Tell«, nach V. 1465 die die Rütli-
Szene beschließende Bühnenanweisung.

3536 f. *Seht ihr den Regenbogen ... seine goldnen Tore:* vgl.
»Wilhelm Tell«, V. 974–979, und die Schlußstrophe von
»Dido«: »Jetzt also kam, in tausendfarbem Bogen / Der
Sonne gegenüber, feucht von Tau, / Die Goldbeschwingte
durch der Lüfte Grau / Herab aufs Haupt der Sterbenden
geflogen.«

3538–40 *Im Chor der Engel ... lächelnd mir entgegen:*
Johanna sieht sich von der Jungfrau Maria empfangen.

II. Der Stoff und seine Tradition

1. Zeittafel der historischen Ereignisse

1339 König Edward III. von England (1327–77) beansprucht den französischen Thron, den das Haus Valois innehat. Beginn des ›Hundertjährigen Krieges‹.

1346 Entscheidender Sieg der Engländer über die Franzosen bei Abbeville (Crécy).

1356 Sieg der Engländer über Johann den Guten (1350–64) bei Maupertuis.

1360 Friede von Bretigny: Die Valois treten Calais und Südwestfrankreich an England ab, und Eduard III. verzichtet auf den französischen Thron.

1380 Karl VI. (der Wahnsinnige) König von Frankreich (bis 1422).

1392 Karl VI. von Frankreich wird wahnsinnig. Machtstreit zwischen den Herzögen von Orléans und Burgund. Die damit verbundenen Kämpfe zwischen Adel und Bürgertum erleichtern den Engländern ein erneutes Vordringen in Frankreich.

1412 6. Januar: Jeanne d'Arc in Domrémy an der Maas im Herzogtum Bar geboren als viertes Kind der Landleute Jacques d'Arc und Isabelle Romée.

1413 Heinrich V. (1387–1422) König von England.

1415 Heinrich V. setzt den ›Hundertjährigen Krieg‹ fort. August: Eine englische Flotte landet mit Truppen im Gebiet der Seinemündung.
25. Oktober: Niederlage der Franzosen bei Azincourt.

1416 Oktober: Bündnis zwischen England und Burgund.

1418 Ende Mai: Truppen des Herzogs von Burgund erobern Paris.

1419 10. September: Begleiter des Dauphins (später Karl VII.) ermorden Johann ohne Furcht, den Herzog von Burgund, auf einer Brücke in Montereau.

Philipp der Gute (1396–1467) wird Herzog von Burgund.

1420   Heinrich V. von England heiratet die Tochter Karls VI. von Frankreich, er erhält die Regentschaft und das Anrecht auf die Thronfolge.

1422   Karl VI. stirbt.

Karl VII. (geb. 1403) wird König von Frankreich, ohne jedoch gekrönt zu sein.

1424   16. August: Niederlage der Franzosen bei Verneuil.

1425   Jeanne d'Arc hört zum erstenmal die Stimmen der Heiligen Michael, Katharina und Margarete.

1428   Mai: Jeanne d'Arc kehrt von ihrem ersten (erfolglosen) Besuch bei Baudricourt aus Vaucouleurs zurück.

Juli: Der burgundische Gouverneur Antoine de Vergy brandschatzt Domrémy.

12. Oktober: Eine englische und burgundische Armee unter dem Grafen Salisbury beginnt, Orléans zu belagern.

1429   Januar: Der zweite Besuch Jeanne d'Arcs bei Baudricourt.

12. Februar: ›Heringsschlacht‹ in der Beauce: Sir John Fastolf besiegt überlegene französische Truppen.

13. Februar: Jeanne d'Arc bricht von Vaucouleurs auf.

23. Februar: Ankunft in Chinon.

25. Februar: Jeanne d'Arc wird von Karl VII. empfangen.

19. März: Jeanne d'Arc bricht mit 6000 Mann nach Blois auf.

29. April: Jeanne d'Arc zieht in Orléans ein.

6. Mai: Jeanne d'Arc setzt mit 4000 Mann auf das linke Loire-Ufer, um die Bastille St. Jean-le-Blanc anzugreifen. Die Engländer haben sich zurückgezogen. Jeanne d'Arc verfolgt sie und erobert das von ihnen besetzte Augustinerkloster.

7. Mai: Jeanne d'Arc erobert die Bastille Les Tourel-

les, obschon sie durch einen Pfeilschuß an der Schulter verwundet worden ist.

8. Mai: Die Engländer geben die Belagerung von Orléans auf.

12. Juni: Jeanne d'Arc erobert Jargeau und nimmt den Herzog von Suffolk gefangen.

15. Juni: Jeanne d'Arc erobert die Brücke von Meung.

17. Juni: Jeanne d'Arc erobert Beaugency.

18. Juni: Jeanne d'Arc besiegt Sir John Fastolf bei Patay und nimmt Talbot gefangen.

19. Juni: Karl VII. bricht mit 12 000 Mann von Gien nach Reims auf.

10. Juli: Eroberung von Troyes.

14. Juli: Eroberung von Châlons-sur-Marne.

16. Juli: Eroberung von Reims.

17. Juli: Krönung Karls VII. in Reims.

8. September: Ein französischer Angriff auf Paris scheitert.

November: Einnahme von Saint-Pierre-le-Moûtier.

Dezember: Mißerfolg Jeanne d'Arcs vor La Charité-sur-Loire.

24. Dezember: Karl VII. verleiht Jeanne d'Arcs Familie den erblichen Adel.

1430 23. Mai: Jeanne d'Arc gerät bei Compiègne in burgundische Gefangenschaft.

November: Jeanne d'Arc wird gegen eine Zahlung von 10 000 Franken an die Engländer ausgeliefert.

Dezember: Jeanne d'Arc wird, an Händen und Füßen gefesselt, im Schloßturm zu Rouen eingekerkert.

1431 9. Januar – 26. März: Verhöre Jeanne d'Arcs unter Ausschluß der Öffentlichkeit.

28. März: Beginn des Prozesses.

29. Mai: Todesurteil.

30. Mai: Jeanne d'Arc wird auf dem Alten Markt zu Rouen als Hexe lebendig verbrannt.

17. Dezember: Krönung Heinrichs VI. von England in Paris.

1435 Friedensschluß zwischen Karl VII. und Philipp dem Guten von Burgund.

1437 Karl VII. gewinnt Paris zurück.

1442 Agnes Sorel (1422–50) wird die Geliebte Karls VII., den sie stark beeinflußt.

1450 Karl VII. bemüht sich um die Einleitung eines Rehabilitationsprozesses für Jeanne d'Arc.

1453 Der englische Feldherr Talbot fällt in der Schlacht bei Castillon. Ende des ›Hundertjährigen Krieges‹.

1456 7. Juli: Eine von Papst Kalixt III. (1455–58) eingesetzte Kommission widerruft in Rouen das Urteil gegen Johanna.

1894 Seligsprechung Jeanne d'Arcs durch Papst Leo XIII. (1878–1903).

1920 Heiligsprechung Jeanne d'Arcs durch Papst Benedikt XV. (1914–22).

2. Die historische Jeanne d'Arc

»I. Es ist eine der guten Seiten der Monarchie, daß sie dem Volk ein unbestrittenes Oberhaupt gibt. Wenn die Legitimität des Königs nicht unangetastet ist, hört die Monarchie auf, eine lebensfähige Regierungsform zu sein. Es war Frankreichs Unglück, daß es im schwierigsten Augenblick seiner Beziehungen zu England Könige hatte, deren Legitimität oder Autorität angreifbar war. Karl VI. war erst zwölf Jahre alt, als Karl V. starb. Jede Minderjährigkeit des Thronfolgers bringt eine Regentschaft, eine Vormundschaft und Konflikte mit sich. Die Onkel des Königs, vor allem Philipp von Burgund, plünderten das Königreich. Ihre Erpressungen hatten Aufstände zur Folge. Als der König mündig wurde, verriet er die besten Absichten und berief die alten und wunderlichen Ratgeber seines Vaters, die man *marmousets* nannte, ein Name, den man den grotesken Figuren gab,

mit denen die Türklopfer verziert waren. Aber er hatte eine
sinnliche und gefährliche Ausländerin, Isabeau von Bayern,
geheiratet. Er liebte sie und ließ sie in einer Atmosphäre von
Festen leben, hatte wahrscheinlich Grund zur Eifersucht,
beunruhigte sich, erschöpfte sich und verlor schließlich, da
er nicht sehr widerstandsfähig war, den Verstand. Einen
wahnsinnigen König zu haben, ist ein Unglück für ein Land;
jedoch einen König zu haben, der von Zeit zu Zeit Wahn-
sinnsanfälle bekommt, ist die schlimmste Form von Unheil
für ein Land. Man kann ihn weder ersetzen noch achten.
Der Herzog von Burgund, der Onkel des unglücklichen
Karl VI., und sein Bruder, der Herzog von Orléans, machten sich die Macht streitig. Ludwig von Orléans war jung,
gebildet und interessierte sich, weil er eine Visconti aus
Mailand, Valentina, geheiratet hatte, sehr für die italienische
Kunst. Seine Orgien empörten das Volk, und es wurde sogar
behauptet, daß er der Geliebte der Königin Isabeau, seiner
Schwägerin, sei. Johann der Unerschrockene, der nach dem
Tode Philipps des Kühnen (1404) Herzog von Burgund
geworden war, ließ im Jahre 1407 seinen Vetter, den Herzog
von Orléans, ermorden. Darauf brach einer der mit blindem
Eifer geführten, eigenartigen und sinnlosen Bürgerkriege
aus, die Frankreich so oft zerrissen haben. Eine Partei
Orléans stand einer Partei Burgund gegenüber. Bernard von
Armagnac, dessen Tochter den neuen Herzog von Orléans,
Karl, geheiratet hatte, trat an die Spitze der Partei Orléans.
Johann der Unerschrockene versicherte sich der Unterstüt-
zung der Stadt Paris, wo sich auf Grund eines überraschen-
den Bündnisses die Universitätsstudenten und die Metzger
als ›burgundisch‹ erklärten. Die Sorbonne war dem Herzog
von Burgund dankbar, weil er in der Frage des päpstlichen
Schismas dieselbe Haltung wie sie eingenommen und den
Papst in Rom gegen den von Avignon unterstützt hatte. Was
die Metzger anbelangt, so hatte der Herzog von Burgund sie
durch Geschenke und Gewährung von Vergünstigungen
gewonnen. Aber dieser Zauberlehrling bereute sehr schnell,
einen Volksaufstand entfesselt zu haben, dessen er bald nicht

mehr Herr war. Die Ausschreitungen hatten bald die übliche Wirkung, die Bürgerschaft und die Universität gingen, von ihren gewalttätigen Verbündeten abgestoßen, zur Partei Armagnac über. Aber der Kampf war schon nicht mehr nur ein innenpolitisches Problem.

II. Haß im eigenen Lande und innere Kämpfe liefern ein Land seinen Feinden aus. Als Heinrich V. von England im Jahre 1415 Frankreich durch den Kampf der Parteien Orléans und Burgund zerrissen und im Namen eines wahnsinnigen Königs von einem jungen Dauphin, der keine Freunde besaß, regiert sah, griff er auf die Ansprüche Eduards III. auf den französischen Thron zurück. Er hatte keinerlei Recht dazu; denn er war nur ein weitläufiger Verwandter der Plantagenets, aber er erhob Anspruch auf die Hand Katharinas von Frankreich und mit ihr auf die schönsten französischen Provinzen. Diese Forderungen waren, selbst für ein Land, das einem solchen Elend anheimgefallen war wie Frankreich, zu absurd, um angenommen zu werden. Der Krieg war unvermeidlich geworden. Man könnte annehmen, daß eine Art von Besessenheit Heinrich V. dazu trieb, den Feldzug seines Urgroßvaters nachzuahmen. Wie dieser landete er in der Normandie. Er verfügte nur über zweitausendfünfhundert Ritter, ihren Troß und achttausend Bogenschützen. Insgesamt waren es mit Bedienten und den Leuten, die den Transport zu bewerkstelligen hatten, nicht mehr als dreißigtausend Mann. Heinrich V. bemächtigte sich trotz tapferer Verteidigung Harfleurs, des großen Arsenals des Westens, dann entschied er sich, nachdem er dem Dauphin eine Herausforderung zum Kampf übersandt hatte, auf Calais zu marschieren und bei Blanche-Tache, an derselben Stelle wie vor der Schlacht von Crécy, die Somme zu überqueren. Es war ein kühnes Unternehmen, aber der französische Adel war uneinig; sicher würde er den Engländern die acht Tage Zeit lassen, die sie brauchten, um nach Calais zu gelangen. ›Die Hauptsache war, die Bevölkerung an den Straßen, die sie entlangzogen, nicht zu reizen. So ließ

der König buchstabengetreu die die Disziplin betreffenden
Verordnungen Richards II. zur Anwendung bringen. Es
war, bei Strafe gehängt zu werden, verboten, Kirchen zu
schänden und zu plündern; wer *Havoc* (ein Kampfruf)
schrie, dem sollte der Kopf vom Halse abgetrennt werden;
wer einen Kaufmann oder einen Marketender bestahl, sollte
dieselbe Strafe erleiden; dem Hauptmann war uneinge-
schränkter Gehorsam entgegenzubringen; wer nicht im
bezeichneten Quartier schlief, sollte gefangengesetzt werden
oder sein Pferd verlieren . . . ‹ Als Heinrich V. den Flußüber-
gang verteidigt fand, zog er flußaufwärts und traf bei Azincourt auf die Armee des französischen Adels. Es gab einen
furchtbaren Kampf, in dem die französische Ritterschaft, die
zwar mutig war, jedoch immer noch nichts gelernt hatte und
den Anweisungen Du Guesclins keine Beachtung schenkte,
sich von den Bogenschützen aufspießen und von den übrigen Soldaten des englischen Königs in Stücke schneiden ließ.
Zehntausend Franzosen kamen in dieser Schlacht des Jahres
1415 um, die eine der blutigsten Schlachten des Mittelalters
war.

III. Trotz diesem Sieg hätte sich Heinrich mit seiner kleinen
Armee nicht ohne französische Komplizen Frankreichs
bemächtigen können. Aber als die Engländer im Jahre 1417
die Normandie überfielen und ihre Einwohner sich um Hilfe
an den König von Frankreich wandten, antwortete der
Kronfeldherr d'Armagnac, daß er damit beschäftigt sei, die
Burgunder zu bekämpfen. Johann der Unerschrockene ver-
anlaßte die Einwohner von Rouen, sich mit den Engländern,
mit denen er im Interesse seiner flämischen Untertanen
verbündet war, zu verständigen. Ein Aufstand in Paris
lieferte, nicht ohne Tausende von Todesopfern zu verursa-
chen, die Stadt den Burgundern aus. Der Dauphin mußte
fliehen, und in dem Augenblick, in dem man eine Versöhnung zwischen Burgund und Frankreich für möglich hielt,
tötete Tanneguy du Châtel, ein Freund des Dauphins,
Johann den Unerschrockenen auf der Brücke von Mentereau

(1419). Als später ein Mönch aus Dijon Franz I. den durchlöcherten Schädel Johanns des Unerschrockenen zeigte, sagte er: ›Das ist das Loch, Sire, durch das die Engländer nach Frankreich kamen...‹ Paris und Burgund schwuren nun, den Dauphin *niemals* anzuerkennen. Im Vertrag von Troyes vom Jahre 1420 zwang Isabeau, die Verbündete der Burgunder, ihren geisteskranken Mann, ihre Tochter Katharina Heinrich V. von England zur Gemahlin zu geben und diesen als Regenten von Frankreich und als Erben des Königreichs einzusetzen. Der verbannte und verleugnete Dauphin mußte sich zwischen der Seine und der Loire zum Kampf stellen. Frankreichs Elend war groß. Die hungrigen Wölfe kamen bis in die Städte. Das ganze Land, so schrieb Alain Chartier, schien ein Meer, ›wo eines jeden Herrschaft nur so weit wie seine Macht reicht‹. Die Franzosen fanden sich jedoch nicht damit ab, Engländer zu werden. Als im Jahre 1422 Heinrich V. und Karl VI. in einem Zwischenraum von nur drei Monaten starben, rief der Herold Frankreichs in Saint-Denis: ›Lang lebe Heinrich VI., durch Gottes Gnade König von Frankreich und England!‹ Aber das Volk beweinte den armen wahnsinnigen König, der, wenn auch schlecht genug, die nationale Unabhängigkeit vertreten hatte.

IV. Nie zuvor hatte die Situation des Landes zu größerer Besorgnis Anlaß gegeben. Frankreich hatte als freies Land so gut wie aufgehört zu existieren. Ein englischer Regent, der Herzog von Bedford, regierte in Paris. Ein zehn Monate altes Kind, Heinrich VI., das kein Franzose war, und der neue König Karl VII., den man noch den Dauphin oder den ›König von Bourges‹ nannte, weil er nicht zum König geweiht worden war, machten sich die Nation streitig. Karl VII. war fromm und unentschlossen. Ein ihn quälender Zweifel nahm ihm die Kraft, um sein Erbe zu kämpfen: war er wirklich der Erbe des französischen Königshauses? Der Lebenswandel seiner Mutter Isabeau rechtfertigte diesen Zweifel. Er hatte wenig Geld und wenig Soldaten zur Ver-

fügung, aber er wurde vom Willen des französischen Volkes
getragen. Wenn dieses Volk spürt, daß es um eine gerechte
Sache geht, ist es bereit, alles zu opfern, um dieser Sache
zum Sieg zu verhelfen. Das Recht findet dann in allen
Dörfern des Landes verborgene Freunde. Vergebens be-
mühte sich Bedford, die Franzosen zu gewinnen, indem er
sich als korrekter und guter Verwalter erwies. Was er auch
tat, er blieb der Engländer. Die Franzosen verlangten mit
rührender Inbrunst nach einem französischen König. Aber
was konnten sie tun? Bedford, der Herr Nordfrankreichs,
hatte sich an die Eroberung der Mitte gemacht und belagerte
Orléans. Die Stadt verteidigte sich jedoch um so helden-
hafter als ihr Herr, Karl von Orléans, Gefangener der Engländer war, und es nach dem Feudalrecht ein schweres Ver-
brechen war, das private Lehen eines Fürsten anzugreifen.
Aus diesem Grunde hofften die Einwohner von Orléans,
daß Gott auf ihrer Seite stehen und sie befreien würde. Aber
mit wessen Hilfe? In diesem Augenblick der höchsten Not
erschien die Jungfrau von Orléans.

V. Im März des Jahres 1429 kam ein junges Mädchen aus
Lothringen nach Chinon und verlangte, den Dauphin zu
sprechen. Es war ›kräftig gebaut, hatte eine etwas dunkle
Haut, schien von ungewöhnlicher Kraft, trat jedoch be-
scheiden auf und hatte eine durchaus weibliche Stimme‹.
Das Mädchen war eine Bauerntochter und hatte als Schäferin
das Vieh ihres Vaters auf die Weide geführt. In dem Dorf
Domrémy, ihrem Heimatort, sprach um sie herum alles von
dem großen Unglück, das das von Fremden überfallene
Königreich Frankreich betroffen hatte. Trotz der Niederlage
hatte man jedoch die Hoffnung noch nicht aufgegeben, und
es hieß, daß das durch eine Frau (die Königin Isabeau)
vernichtete Frankreich durch eine Jungfrau gerettet werden
würde. Die gläubige Johanna hatte beim Hüten ihrer Herde
himmlische Stimmen gehört und ›in einem strahlenden
Leuchten‹ den Erzengel Michael, die heilige Katharina und
die heilige Margarete erscheinen sehen, die ihr befohlen

hatten, sich zum Dauphin zu begeben und Orléans zu befreien. ›Weil Gott es geboten hatte, mußte es getan werden‹, und sie hatte erreicht, daß der nächste königliche Hauptmann, von Vaucouleurs, sie, nachdem sie mit einer Soldatenrüstung versehen worden war, nach Chinon führte, wo Karl sich befand. Es war für ein Bauernmädchen eine erstaunliche Sache, diesen Soldaten überzeugt zu haben, aber die Geschichte der Jungfrau von Orléans ist gleichzeitig eine Folge der erstaunlichsten Wunder und der vernünftigsten politischen Handlungen. Die Ziele, die sich das Schäfermädchen aus Lothringen steckte, waren ausnahmslos sehr nützliche und sehr dringende. Sie wollte: a) dem Dauphin den Glauben an seine legitime Geburt geben; sie konnte das, weil er selbst sehr fromm war und an himmlische Stimmen glaubte; b) Orléans befreien, weil dieser symbolische Sieg dem französischen Volk neues Vertrauen einflößen würde; c) den Dauphin in Reims zum König weihen lassen, weil das heilige Öl ihm in den Augen aller Gläubigen die Legitimität seiner Macht sichern würde.

VI. Wie Johanna ins Schloß gebracht wurde, sofort den Dauphin, der sich zwischen den Rittern verbarg, erkannte und ihn mit der Anrede ›liebenswürdiger Dauphin‹ begrüßte, ist bekannt. Man darf nicht vergessen, daß er gläubig war, die Prophezeiung ihm bekannt war und er sehr bewegt war, als Johanna ihn über seine Geburt beruhigte. ›Ich sage Euch im Namen unseres Herrn, daß Ihr der wahre Erbe Frankreichs und Sohn des Königs seid . . .‹ Von diesem Augenblick an glaubte Karl an die Mission Johannas, ›weil er an sie glauben mußte, um an sich selbst zu glauben‹. Johanna hat niemals an ihrem Auftrag gezweifelt, und in gutem Glauben forderte sie, eine armselige Frau, die mächtige englische Armee auf, Frankreich zu verlassen: ›König von England und Ihr, Herzog von Bedford, die Ihr Euch Regent von Frankreich nennt, gebt der von Gott hierher gesandten Jungfrau die Schlüssel aller guten Städte, die Ihr genommen und geplündert habt . . . König von England,

wenn Ihr nicht so handelt, so wisset, daß ich der oberste
Kriegsherr bin und Eure Leute, wo immer in Frankreich ich
sie finde, davonjagen werde, ob sie wollen oder nicht . . .‹
Sie erhielt vom Dauphin eine kleine Armee, drang in Orléans ein und befreite die Stadt unter dem Gesang des *Veni
Creator*. Sie hatte sich eine Standarte sticken lassen, die
Spitzen dieser Fahne trugen die Worte JHESUS MARIA
und die königlichen Lilien. Johanna stützte sich mit sicherem Instinkt auf die beiden Kräfte, die Frankreich zu einer
Einheit gemacht hatten, *das Königtum und das Christentum*.
Haßte sie die Engländer? Nein, gewiß nicht, dafür war sie
eine zu gute Christin. ›Aber ich weiß, daß sie mit Ausnahme
derjenigen, die hier bleiben und den Tod erleiden werden,
aus Frankreich vertrieben werden.‹ Weit davon entfernt, sie
zu hassen, fordert sie sie auf, sich mit den Franzosen zu
einem Kreuzzug zu verbünden. Aber ein englischer Regent
kann nicht zugeben, daß eine Heilige sich Englands Plänen
widersetzt. Bedford erklärt sie zur Zauberin – und glaubt
daran. Sie handelt jedoch als kluge Französin. Sie hat begriffen, daß alles Unglück des Königreiches aus unbefriedigter
persönlicher Rachsucht entstanden war, und verlangt, daß
alle Franzosen sich untereinander aussöhnen. ›Wenn Ihr
durchaus Krieg führen müßt‹, schreibt sie dem Herzog von
Burgund, ›führt ihn gegen die Sarazenen.‹ An Karl, der noch
immer ängstlich zögert, schreibt sie: ›Unser aller Dauphin,
geht nicht so oft und so lange mit Euch zu Rate, folgt mir
nach Reims und setzt Euch die Euch gebührende Krone aufs
Haupt . . . Warum zweifelt Ihr noch?‹ Aber man verlor Zeit
mit festlichen Gelagen. La Trémoïlle, ein bedeutender Soldat, der Johanna feindlich gesinnt war, versuchte, Karl
gegen sie zu beeinflussen, und durchkreuzte alle ihre Pläne.
Die Jungfrau wiederholte jedoch, ›daß sie nur noch ein Jahr
leben würde‹ und daß man sich beeilen müsse. Ihr Zug nach
Reims begann mit der Einnahme von Troyes und war nichts
anderes als ein einfacher militärischer Spaziergang. Während
der Königsweihe am 17. Juli stand sie an der Seite des
Königs, ihre Fahne in der Hand. Innerhalb von fünf Mona-

ten hatte sie ihre Mission erfüllt. ›Liebenswürdiger König‹, sagte sie, ›Gottes Wille ist geschehen; denn Gott wollte, daß Ihr nach Reims kommen, um die Euch gebührende Weihe zu empfangen, und so zeigen solltet, daß Ihr der wahre König seid, dem das Königreich gehört.‹ An diesem Tage des Triumphes war Johanna von düsterer Traurigkeit erfüllt. ›Ich wünschte‹, sagte sie, ›daß es Gott, meinem Schöpfer gefiele, wenn ich jetzt die Waffen weglegen und meinem Vater und meiner Mutter dienen könnte, indem ich mit meiner Schwester und meinen Brüdern, die sich freuen würden, mich wiederzusehen, die Schafe hütete . . .‹

VII. In den Augen der Engländer und der Burgunder war Johanna eine Zauberin und Ketzerin. Wie hatte sie ohne militärische Macht so schnell siegen können, wenn sie nicht den Teufel im Leib hatte? Nun wollte sie den König in seine Hauptstadt führen. Aber bei dem Angriff vom September 1429 wurde sie am Schenkel verletzt. Während die hinhaltenden Ratschläge La Trémoïlles Karl VII., der von Natur aus zögernd und schwach war, zurückhielten, begab sich Johanna wieder zur Armee und wurde in Compiègne gefangengenommen, weil das Tor sich, vielleicht durch Verrat, wieder hinter ihr geschlossen hatte. Von den Burgundern des Grafen von Luxemburg am 23. Mai 1430 gefangen, wurde sie an die Engländer verkauft, die sie einem geistlichen Gericht überlieferten. Obwohl die Jungfrau von vornherein verurteilt war, dauerte der Prozeß noch ganze fünf Monate. Pierre Cauchon, der Bischof von Beauvais, der die Verhöre leitete, hatte sich der Assistenz eines Vize-Inquisitors, der Domherren und Äbte von Rouen und von zwölf Anwälten des kirchlichen Gerichtshofes versichert. Eine ganze Anzahl von Professoren der Universität trat als Beisitzer auf. Fünfundsiebzig Richter waren versammelt, um dieses gefesselte junge Mädchen zu überführen. ›Die Engländer‹, sagt Coville, ›maßen dem eine große politische Bedeutung bei. Wurde sie von der Kirche verurteilt, so galten ihre Eroberungen als Freveltaten. Dadurch würde sich die Sache der Engländer mit der der Kirche decken.‹ Priester und Laien, Engländer und Franzosen einigten sich dahin, Johanna auf den Scheiterhaufen zu bringen. Es ist nur zu sicher, daß, da die Staatsräson eine Verurteilung forderte, diese beschlossen war, bevor der Prozeß überhaupt begann. Unvoreingenommene Richter wären von der Aufrichtigkeit und der Vaterlandsliebe der Jungfrau von Orléans durch ihre bewunderungswürdigen Antworten, die aus diesem Verhör ein erhabenes Dokument machen, überzeugt worden. Ein Mädchen ohne Erziehung und Bildung, fast noch ein Kind, fand so schöne und reine Erwiderungen, daß sogar dieser unheilvolle Gerichtshof dadurch mitunter in Verwirrung geriet. Johanna wurde jedoch dessenungeachtet zum Feuertode verurteilt und am 30. Mai 1431 auf dem alten Marktplatz in Rouen bei lebendigem Leibe verbrannt. Sie war neunzehn Jahre alt. Karl VII. hatte nichts getan, um sie zu retten, und wartete fünfzehn Jahre lang damit, sie rehabilitieren zu lassen.

VIII. Männer in hohen Stellungen, die durch die Bemühungen anderer in diese Stellung gelangt sind, denken nur zu leicht, daß sie den Sieg allein ihren eigenen Verdiensten zu verdanken haben. Die Undankbarkeit ist die Tugend der Könige. Nach dem Tode Johannas fand Karl VII., der ›gut Bediente‹, andere tüchtige Soldaten, um Frankreich zu befreien, wie Richemont, La Hire, Xaintrailles und Dunois, den Bastard von Orléans. Diese alle hätten jedoch niemals gehandelt, wenn Johanna sie nicht in Bewegung gesetzt hätte. Sie hatte Frankreich moralisch geeinigt. Im Jahre 1435 unterwarf sich Philipp der Gütige, Herzog von Burgund. Der Bürgerkrieg war beendet. Im Jahre 1436 unterwarf sich auch Paris dem König, der feierlich in die Hauptstadt einzog, aber nicht dort blieb. Karl VII. liebte diese Stadt nicht, da sie von unangenehmen Erinnerungen erfüllt war. Das Königreich wurde von Provinz zu Provinz zurückerobert, im Jahre 1450 kam die Normandie, im Jahre 1453 Guyenne wieder an Frankreich. Bald gab es in der Gascogne keine Engländer mehr, sie waren ›aus Frankreich vertrieben worden‹. Nur Calais blieb in englischer Hand.

IX. Die Jungfrau von Orléans ist für die Franzosen das Symbol der reinsten Vaterlandsliebe geblieben. Ihre Jugend, ihr Mut, ihr Glaube, die verzweifelte Lage, in der sich das Land befand, als sie sich aufmachte, es zu retten, das Wunder, das ihr Erfolg bedeutete, dieser Sieg einer Schäferin über einen triumphierenden Feind, vor allem jedoch der Scheiterhaufen und das Martyrium, alle diese Faktoren haben dazu beigetragen. Durch die ungerechte Hinrichtung war sie in den Augen des Volkes den Märtyrern des Christentums an die Seite gestellt worden. Wie diese war sie von Gott gesandt. Sie war der klarste Beweis dafür, daß Christus seine Hand schützend über der ›ältesten Tochter seiner Kirche‹ hielt. Wie Napoleon sagte, hatte sie bewiesen, ›daß es kein Wunder gibt, das das französische Genie nicht in einem Augenblick hervorzubringen fähig ist, in dem die nationale Unabhängigkeit bedroht ist‹. Sie sollte so ganz zur Nationalheldin werden, daß sich an dem Tage, an dem eine neue Partei Armagnac und eine neue Partei Burgund sich aufs neue die Macht in Frankreich streitig machen würden, diese beiden Parteien auch um sie streiten würden, da die Linke sie für sich beanspruchen würde, weil sie ein Kind aus dem Volke war, während die Rechte Anspruch auf sie erheben würde, weil ihr Banner die königlichen Lilien trug. Anatole France, der kirchenfeindliche Freidenker, der in Johanna eine Nervenkranke sah, die Halluzinationen unterworfen war, und eine Beschränkte, deren Geist von den Priestern gelenkt wurde, hat dennoch folgendes geschrieben: ›Sie hatte die Idee, dem Dauphin zu seinem rechtmäßigen Erbe zu verhelfen. Für dieses Ziel gab sie ihr Leben hin. Dadurch überlebte sie ihre Sache, und dadurch wurde ihr Opfer zu einem unsterblichen Vorbild. Ohne den Märtyrertod haben die Menschen nichts Großes und Nützliches auf der Welt geschaffen. Städte, Kaiserreiche, Republiken sind

auf Opfer gegründet worden. Nicht ohne Grund und ohne
Berechtigung wurde Johanna zum Symbol des Vaterlandes
in Waffen...‹ Sie ist das erstaunlichste Beispiel dafür, welche Wunder ein durch den Glauben gestützter Wille vollbringen kann.«

André Maurois: Der Hundertjährige Krieg (II). In:
Die Geschichte Frankreichs. Aus dem Frz. übers.
von Christine Fritzsche-Dolgner. Erstes Buch: Die
Anfänge und das Mittelalter. Wiesbaden: Löwit,
[o. J.] S. 102–111.

Die Persönlichkeit Jeanne d'Arcs tritt am deutlichsten in den
Protokollen des Prozesses hervor, der ihr 1431 in Rouen
gemacht wurde. Die Niederschrift der zweiten Sitzung vermittelt einen Eindruck von der Art der Fragen, die man ihr
stellte, und dem Gewicht, das sie selbst ihren Erlebnissen
und Handlungen beimaß:

ZWEITE ÖFFENTLICHE SITZUNG

am Donnerstag, dem 22. Februar 1431, in der Rüstkammer
hinter dem großen Schloßsaal

Der Bischof von Beauvais, Pierre Cauchon, 47 Beisitzer; Johanna.

Magister Jean Beaupère, Beisitzer des Tribunals: Monsei-
    gneur der Bischof hat mich beauftragt, Euch zu verhören,
    Johanna. Wir fordern Euch unter Androhung der kanoni-
    schen Strafen auf, zu schwören, wie Ihr es gestern getan,
    daß Ihr die Wahrheit sagen wollt, und nichts als die
    Wahrheit!

Johanna: Es kann Fragen geben, auf die ich Euch der
    Wahrheit gemäß antworten, und andere, auf die ich nicht
    antworten werde... Wenn Ihr recht unterrichtet wäret
    über mich, Ihr müßtet wünschen, daß ich nicht in Eurer
    Gewalt sei! Ich habe nichts getan, was mir nicht durch
    Offenbarung aufgetragen wurde.

Johanna leistet den Eid.

Magister Beaupère: Wie alt wart Ihr, als Ihr das väterliche
    Haus verließt?

Johanna: Wie alt ich war? ich weiß es nicht.

Magister Beaupère: Habt Ihr in Eurer Jugend irgendeine Fertigkeit erworben?

Johanna: Ja, Spinnen und Nähen. Darin nehme ich es mit jeder Frau in Rouen auf. Als ich bei meinem Vater war, habe ich mich um das Hauswesen gekümmert. Die Schafe habe ich nicht gehütet.

Magister Beaupère: Habt Ihr jedes Jahr Eure Sünden gebeichtet?

Johanna: Ja. Beim Herrn Pfarrer. Wenn er verhindert war, beichtete ich einem anderen Priester, aber nur mit seiner Zustimmung. Manchmal auch – zwei- oder dreimal, wenn ich mich recht erinnere – beichtete ich bei den Bettelmönchen. Das war in Neufchâteau. Aus Furcht vor den Burgundern hatte ich meines Vaters Haus verlassen und war nach Neufchâteau in Lothringen gegangen zu einer Frau, La Rousse, »die Fuchsige«, genannt. Dort blieb ich vierzehn Tage. Zu Ostern empfing ich den Leib des Herrn.

Magister Beaupère: Wann vernahmt Ihr Eure Stimmen zum erstenmal?

Johanna: Als ich dreizehn Jahre alt war, hatte ich eine Stimme, die von Gott kam, um mich zu leiten. Das erstemal hatte ich große Furcht. Die Stimme kam zur Mittagsstunde; es war im Sommer, im Garten meines Vaters. Ich hatte den Tag zuvor gefastet. Ich habe die Stimme gehört mir zur Rechten, von der Seite der Kirche her.

Magister Beaupère: Erscheint Euch ein Glanz, wenn Ihr die Stimme hört?

Johanna: Fast immer begleitet sie eine große Helligkeit. Dieses Licht kommt von derselben Seite, von der man die Stimme vernimmt. Dort zeigt sich meist ein heller Schein.

Magister Beaupère: Wie konntet Ihr dieses Licht erkennen, wenn es von der Seite kam?

Johanna [übergeht die Frage]: Selbst wenn ich in einem Wald wäre, vernähme ich die Stimme wohl, die auf mich zukommt.

[*Magister Beaupère:* Was dünkte Euch von dieser Stimme?]

Johanna: Mir schien die Stimme erhaben. Ich glaube, sie war
  mir von Gott geschickt. Beim dritten Anruf wußte ich: es
  war die Stimme eines Engels. Die Stimme hat mich immer
  recht geleitet, und ich habe sie immer verstanden.

Magister Beaupère: Was riet Euch Eure Stimme zu Eurem
  Seelenheil?

Johanna: Mich gut zu führen, in die Kirche zu gehen. Sie
  sagte mir, es sei notwendig, daß ich, Johanna, nach
  Frankreich ginge. Zwei-, dreimal in der Woche sagte mir
  die Stimme, daß ich, Johanna, nach Frankreich gehen
  müßte, und zwar so, daß mein Vater nichts von meinem
  Aufbruch wüßte. Die Stimme hieß mich, nach Frankreich
  zu gehen, und ich konnte nicht mehr bleiben, wo ich war.
  Die Stimme befahl mir, die Belagerung von Orléans aufzuheben. Sie hieß mich, Robert de Baudricourt in Vaucouleurs aufzusuchen – das war der Stadthauptmann –,
  daß er mir Leute gäbe, die mit mir kämen. Ich antwortete,
  ich sei ein armes Mädchen, das nichts vom Reiten noch
  von der Kriegführung verstünde. Und dann ging ich zu
  meinem Onkel*. Ich wollte dort einige Zeit bleiben. Ich
  blieb dort ungefähr acht Tage. Ich sagte zu meinem
  Onkel, ich müsse nach Vaucouleurs gehen. Und mein
  Onkel brachte mich dorthin. Als ich in Vaucouleurs
  ankam, erkannte ich Robert de Baudricourt; und dennoch
  hatte ich ihn nie gesehen. Ich erkannte ihn durch die
  Stimme. Sie sagte mir, daß er es war. Ich sagte ihm,
  Robert, daß ich nach Frankreich gehen müßte. Zweimal
  hat er mich abgewiesen. Das drittemal hat er mir die Leute
  gegeben. Die Stimme hatte mir vorausgesagt, daß es so
  kommen würde.
  Der Herzog von Lothringen befahl, daß ich ihm vorge-
  führt würde. Ich ging zu ihm**. Ich sagte ihm, ich wolle
  nach Frankreich. Der Herzog fragte, ob er genesen würde, denn er war krank. Ich antwortete, ich wüßte es

---

* Durand Laxart.
** Februar 1429.

nicht*. Von meiner Reise sprach ich wenig. Ich bat ihn, er möge mir seinen Sohn und seine Leute mitgeben, damit sie mich nach Frankreich führten, und ich wollte Gott um seine Gesundheit bitten. Ich war unter sicherem Geleit zu ihm gekommen und kehrte ebenso nach Vaucouleurs zurück.

Nachdem ich Vaucouleurs verlassen hatte, erreichte ich Saint-Urbain und übernachtete in der Abtei. Ich war in Männerkleidern. Baudricourt hatte mir ein Schwert gegeben. Ich hatte keine anderen Waffen. Ein Ritter**, ein Junker und vier Bewaffnete begleiteten mich. Unterwegs kamen wir durch Auxerre. Dort hörte ich in der Kathedrale die Messe. Und hierauf hatte ich häufig meine Stimmen.

Magister Beaupère: Wer hatte Euch geraten, Mannskleider anzulegen?

Johanna weigert sich zuerst mehrmals zu antworten.

Johanna: Damit belaste ich keinen Menschen! [Sie fährt in ihrer Erzählung fort:] Robert de Baudricourt hatte meine Begleiter schwören lassen, daß sie mich sicher geleiteten. Zu mir sagte Robert: »Geh!« – das war, als ich Abschied von ihm nahm – »geh! und es möge geschehen, was geschehen soll!«

Ich kam ohne Hindernis zum König. In der Nähe von Sainte-Catherine de Fierbois schickte ich Botschaft nach Chinon, wo sich der König aufhielt. Ich kam dort gegen Mittag an und wohnte in der Herberge. Nach der Mahlzeit ging ich zum König ins Schloß. Als ich den Saal betrat, erkannte ich ihn unter allen anderen; meine Stimme wies ihn mir. Ich sagte dem König, ich wolle den Krieg gegen die Engländer führen.

Magister Beaupère: Als die Stimme Euch Euren König bezeichnete, war da ein Licht an jener Stelle?

Johanna: Übergeht das, fahrt fort!

---

* Charles de Lorraine starb am 25. Januar 1431.
** Jean de Nouvelompont, gen. Jean de Metz; der Junker war Bertrand de Poulengy. Beide sagten im Rehabilitationsprozeß aus.

Magister Beaupère: Ist es vielleicht ein Engel gewesen, den Ihr über Eurem König gesehen habt?

Johanna: Verschont mich! Übergeht das! Ehe der König mich ans Werk ließ, hatte er selbst mancherlei Erscheinungen und herrliche Offenbarungen.

Magister Beaupère: Welche Offenbarungen? Welche Erscheinungen?

Johanna: Ich werde es Euch nicht sagen. Erwartet keine Antwort. Schickt zum König, und er wird Euch antworten.

Meine Stimme hatte mir versprochen, der König würde mich bei meiner Ankunft empfangen. Die auf meiner Seite waren, wußten wohl, daß mir die Stimme von Gott geschickt war. Die Stimme selbst konnten sie sehen und erkennen. Das weiß ich. Ich bin dessen sicher. Der König und andere mit ihm konnten die Stimme vernehmen und schauen, die auf mich zukam. Charles de Bourbon* war dabei und zwei oder drei andere.

Magister Beaupère: Vernehmt Ihr oftmals jene Stimme?

Johanna: Es gibt keinen Tag, an dem ich die Stimme nicht höre; und ich bedarf ihrer. Niemals habe ich anderen Lohn erbeten als das Heil meiner Seele.

Jeanne d'Arc. Dokumente ihrer Verurteilung und Rechtfertigung 1431, 1456. Übers. und eingel. von Ruth Schirmer-Imhoff. Köln: Bachem, 1956. S. 43–47.

3. Schillers Quellen

a) Historische Quellen

de l'Averdy, Charles Clément François: Les extraits raisonnés de tout ce que les manuscrits de la Bibliothèque du Roi contiennent de relatif au procès de Jeanne d'Arc, connue sous le nom de Pucelle d'Orléans. Paris 1790.

---

* Charles de Bourbon, Graf von Clermont, regierte das Herzogtum Bourbonnais und die Grafschaft Auvergne während der Gefangenschaft seines Vaters, der von den Engländern seit der Schlacht von Azincourt zurückgehalten wurde.

Schillers Frankreichkarte, die er für die Arbeit an der »Jungfrau von Orleans« benutzte

Bedacier, Catherine, née Durand: Les Mémoires secrets de la cour de Charles VII, roi de France. Paris 1700.

Eichhorn, Johann Gottfried: Geschichte der Künste und Wissenschaften seit der Wiederherstellung derselben bis an das Ende des 18. Jahrhunderts. Bd. 1. Göttingen 1796.

Histoire du siège, qui fut mis devant la ville d'Orléans. 1606.

Hume, David: Geschichte von England. Breslau/Leipzig 1767.

Jeanne d'Arc Native de Vaucouleurs en Lorrainie dite la Pucelle d'Orléans. Orléans 1621.

Millot, Claude-François-Xavier: Universalhistorie. Übers. von W. E. Christiani. Bd. 6. Leipzig 1782.

Pitaval, François Gayot de: Merkwürdige Rechtsfälle als ein Beitrag zur Geschichte der Menschheit. Nach dem Französischen Werk des Pitaval durch mehrere Verfasser ausgearbeitet und mit einer Vorrede begleitet. Hrsg. von Friedrich Schiller. Bd. 4. Jena 1795.

Rapin-Thoyras, Paul de: Histoire d'Angleterre. Tome 4. La Haye ²1727.

Rapin, Paul von, Herr von Thoyras: Allgemeine Geschichte von England mit Tindals und de St. Marc Anmerkungen [. . .]. Hrsg. von S. J. Baumgarten. Bd. 3. Halle 1756.

b) Literarische Quelle

Neben den historischen Quellen ist eine literarische für Schiller von Bedeutung: VOLTAIRES Epos »La Pucelle d'Orléans«, das 1762 erschien und die »Pucelle« von Chapelain parodierte. Das groteske Thema des hier erzählten vaterländischen Krieges ist Johannas Jungfräulichkeit. Voltaires frivole Rokokodichtung war im höfisch gebildeten Lesepublikum Weimars so bekannt, daß der Großherzog Bedenken trug, die Rezeption des Schillerschen Dramas könnte durch Reminiszenzen an Voltaires »Pucelle« beeinflußt werden. Aber nicht nur als Folie, vor der Schillers Drama um so leuchtender erscheint, sondern auch durch zahlreiche Parallelen, in denen Schiller Voltaire folgt, ist die »Pucelle« für

das Verständnis der »Jungfrau« wichtig. Das hat Anni Gutmann überzeugend belegt. Der zweite Gesang, in dem Johannas Berufung erzählt wird, vermittelt ein Bild von dem
Voltaireschen Gedicht:

ZWEITER GESANG

*Johanna von Orleans wird vom heiligen Dionys ausgerüstet. Sie
macht sich auf den Weg nach Tours zu Karl VII. Was sie unterwegs
tat und wie ihre Jungfrauschaft besiegelt wurde.*

An der Grenze der Champagne liegt Domremy, ein Dorf von
wenigen Bauernhütten, damals kaum bekannt, das heut' mit Königs-
lilienruhm und dem des gallischen Volks gekrönt ist. Beglücktes
Dorf, dem Frankreich seine Retterin verdankt! Und wärst du auch
von allen Schätzen dieser Welt verlassen, du gabst uns mehr, weit
mehr als Rebengold und als Zitronen! Denn Johannas Wiege warst
du. Ein urstämmiger Priester, frommen Eifers voll, der ihn antrieb,
überall, sowohl im Bett als auch bei Tisch und beim Gebet, seinem
Herrgott neue Diener zuzuführen – wie gesagt, ein früherer Mönch –,
war ihr Erzeuger, und er wählte sich das rüstigste von allen Schenk-
mädchen nur, um diese Schönheit in die Welt zu setzen, die das
große Britenvolk bewältigen sollte. Knapp mit sechzehn Jahren
wurde sie in Vaucouleurs dann Stallmagd. Und schon füllte ihres
Wesens Ruhm die Gegend. Stolz von Ansehn, war ihr Auftreten
streng sittsam. Ihrer großen schwarzen Augen Glanz, die ebenmäßig
weißen Zähne und die appetitanregende Frische der Gestalt, die
stolze Festigkeit des braunen Busens – welch verführerischer Reiz
steckte nicht darin, sei's für den Talar, für den Helm, als auch fürs
Priesterkleid –, wenn sie tatkräftig mit Geschick überall und unent-
wegt fortschaffte, Lasten trug und den Bürgern, Edelleuten, ja den
Räubern Weinkannen zu Hunderten vollschenkte, wobei sie auch
wohl einmal rechts und links derbe Ohrfeigen austeilte und sich
dreister Hände zu erwehren wußte, die sich in die Nähe ihrer
Hüften oder des enthüllten Halses wagten. Und wie lachte sie von
morgens früh bis abends spät bei ihrer Arbeit, mochte sie nun Rosse
langsam neben sich am Zügel führen, deren Mähne striegeln und die
Wunden pflastern, oder rittlings wie ein römischer Soldat sie mit
dem bloßen Druck der Weichen treiben und regieren.
Dieser kostbar seltene Schatz war es also, den die göttlich tiefe
Weisheit Dionys in die niedern Schenken, fern aller Paläste, herzog-

licher und gräflicher Gemächer führte. Und zwar war es hohe Zeit,
daß er sie fand. Denn um ein Haar hätte Satans Bosheit Frankreich
zugrunde gerichtet.

Grisbourdon, ein Bettelmönch und selbstverständlich Engländer,
war die Krone alles Mönchsvolks, ein Missions- und Redeheld, im
Beichtstuhl wie im Spionieren ohnegleichen, auch ein großer Zaube-
rer in ägyptisch- und hebraisch- sowie griechischer Magie. Und er
hatte aus der Kabbala die drohende Gefahr, die England von Johanna kam, bald erkannt. Darum hatte er einen Schwur dem Vaterland geleistet, dieses Kind wolle er unschädlich machen, indem er ihr
den Gürtel löse. Aber ach! Als Nebenbuhler war ihm ein ganz
ungelehrter Tölpel in dem Treiber eines Maultiers bei der Bauern-
magd erstanden, der sie in zäh dauerhafter Weise unaufhörlich
lockte und mit seinem Liebesgirren umschlich. Und es schien jetzt
fast, als neige sie allmählich sich ihm zu und als müsse vor dem
Machtwort der Gelegenheit sowie den gemeinsamen Beschäfti-
gungen ihre Tugend wankend werden. Und es war, als hielte nur
die Scham noch die verborgene Glut vor offenen Ausbrüchen zurück.

Der kluge Grisbourdon erfaßte bald das Geheimnis ihres Herzens.
Schnell entschlossen sucht er seinen Nebenbuhler auf und hält ihm
eine scharfsinnige Rede dieses Inhalts, daß zwei gleicherweise glut-
entflammte Nebenbuhler und gleich stark an Kräften wohl am
besten täten, sich in den Genuß eines so leckeren Bissens friedfertig
zu teilen und mit abwechselnden Kräften nach vollbrachter magi-
scher Einschläferung an der Schönen Seite eine Nacht hindurch zu
wachen. Und sogleich greift er auch schon sein Zauberbuch, den
Dämon zu beschwören, den man früher Morpheus nannte und der
heutzutage sich bei Anwaltssitzungen, im Hohen Rat und am Schul-
katheder stets auf das verdienstreichste betätigt. Kaum hört der die
mörderische Beschwörung, als er auch schon seinen schwarzen
Karren anschirrt, den zwei Eulen durch die Nacht ziehn, und sich
träumend durch die Lüfte gleiten läßt. Leise, leis die Schatten der
Verfinsterung zerteilend, langt er gähnend mit geschlossenen Augen
endlich an dem Ort seiner Bestimmung an, beugt sich über unsere
schlafende Johanna, überträufelt ihr mit narkotischem Mohn ihren ganz
enthüllten Busen, der in betäubendem Dufte schwimmt, und Johanna fällt sogleich in tiefen Schlaf.

Schon hatten die beiden sauberen Galane, von dem drohenden
Ereignis plötzlichen Erwachens angestachelt, ohne Umstände die
Bettdecke zurückgeschlagen, und schon rollten dreifach Würfel über

ihren schönen Leib, die entscheiden sollten, wen von beiden jetzt das Glück »jus primae noctis« treffen solle (selbstverständlich war's, daß seine Zauberkunst dem *Mönch* dies Los zusicherte). Da, o jäher Wunderschreck, fährt plötzlich Dionys dazwischen. Sieh, die Sünder fangen an zu zittern, fallen auf den Rücken, springen dann mit einem Satz in Windeseil davon. Doch der Heilige tritt näher, tröstet die in Furcht erbebende Johanna, die des schmählichen Angriffs auf ihr Magdtum im Erwachen inne worden war, und verkündet ihr, daß sie das hocherlauchte und auserwählte himmlische Gefäß sei, aus dem Gott die Flut seines Zorns auf die Bedrücker seines vielgeliebten Frankreichs gießen werde. »Gott«, sagt er, »der die Gewalt besitzt, auch aus dem schwächsten Rohr einen Libanon zu türmen, schickt als Blitz den Vorreiter auf deinen Pfad. Und wo immer nun dein Fuß hintreten wird, da streut er lähmendes Entsetzen. Auf, und folge mir«, beschloß er seine Rede mit großartiger Gebärde, »und entsage meinem niederen Wesen! Fürderhin prangt uns dein Name unter der Geschichte Heldenzahl.«

Zwar schien es Johanna erst bei diesen wohl recht tröstlichen, doch gar zu theologisch gewürzten Worten, als ob jemand mit ihr böhmisch rede. Dann aber zeitigte hier die Gnade doch bei ihr die nötige Erleuchtung und erfüllte in der Tiefe des Gemütes sie mit Himmelsgluten, bis aus niederer Stallmagd eine kriegerische Seele ward. Schnell entführte Dionys sie in die Kirche, wo ein schöner Harnisch, da sie eintrat, augenblicks vor ihr aus Wolken fiel. Ihm folgt Deborahs Helm, die Schleuder Davids und der Knochen Simsons, endlich Judiths Messer. Alles umklirrt bald unsere Heldin, die vor Ruhmgier brennende Johanna. Dann ruft sie nach einem Roß, und sieh, ein schönes Eselein trabt in vollem Lauf durch grüne Fluren. Vor der Kirchentür stampft es tatenlustig mit seinen Hufen munter auf den Boden ein. Fein wie graue Seide ist das Fell; die Stimme dröhnt in kecken Tönen, und wohlgeputzt, gekämmt und aufgestriegelt schmückt es ein Sattel, auf dem goldene Nägel gleißen. Auch entsprießen seiner Wirbelsäule ein Paar Flügel, deren es sich wie ein richtiger Pegasus oftmals gern bedient.

In nicht weniger als einem Augenblick sitzt Johanna sattelfest auf ihrem Gaul. Dionys besteigt den Lichtstrahl, und vereint sausen sie der Loire Ufern zu, um Carolus' Herz mit Siegeshoffnung zu beglücken. Unser Eselein trabt abwechselnd auf dem Boden, dann erhebt sich's wieder munter in die blaue Luft; währenddem der Bettelmönch kraft seiner Zauberkunst ungesäumt den nebenbuhlerischen Treiber in ein Tier hineinverzaubert und ihm rittlings mit dem

Stachel zusetzt, wobei er schwört, daß er dem geraubten Gegenstand seiner Lüsternheit bis ans Weltenende folgen wird. Und der nun im Langohr eingeschlossene Treiber? Ach, er hatte kaum die Seele gewechselt und vertauscht, und er fühlte sich dabei fast, als habe er im Handel noch gewonnen. Auf dem Weg nach Tours kamen Johanna und der Heilige unterdes durch engelländische Lager, wo die stolzen Briten nach gründlichem Genuß des Frankenweins ihre schwere Trunkenheit verschliefen. Dionys hielt nun Johanna, vaterländischen Eifers voll, eine mit recht schönen weltgeschichtlichen Vergleichen buntverbrämte Rede, sie zum überwältigend bequemen Massenmord zu reizen. Doch ihr edelartiges Herz widerstrebte solchem niederen Tun. Standhaft weigerte sie sich. Statt dessen dachte sie sich ein anderes, artigeres Stücklein aus.

Sie stieß erst einmal auf ein etwas abgelegenes Zelt, das ihr scharfes Auge im Mondenlicht entdeckte. Hier stand Wein in hundert Flaschen um Pasteten. Nachdem diesen Leckerbissen erst gehörig zugesprochen worden war, sah sie weiter sich im Raume um und gewahrte hier Johann Chandos, den gewaltigsten Capitano seiner Zeit, der auf seiner Lagerstatt neben einem blühenden jungen Pagen schlief. Dieser kehrte ein blendend weißes Hinterteil nach oben. Und nicht weit vom Schlummernden stand auf einem Tisch ein Tintenfaß. Oftmals mochte es den verliebten Spielereien kleiner Liebesreime, die der Feder dieses jungen Fants entflossen, dienen. Hier hinein tauchte Johanna schnell ihre derben Fingerspitzen, um mit kecker Hand dem süßen Jüngling drei französische Lilien auf den wohlgestalteten Körper, just unter die Wirbelsäule, hinzumalen. Dann ergriff sie kühn des Helden weit gefürchtet Schwert, zog sich seine samtene Hose übers Bein und ritt davon.

Wer war wohl am nächsten Morgen staunensstarrer als Chandos, da er den Feindesverrat bemerkte? In heller Wut entbrannt, suchte er umsonst sein Schwert. Fluchend, schimpfend machte er sich ohne Hose eilig zur Verfolgung fertig; doch war er des festen Glaubens, daß der große Teufel in der Nacht in ureigener Person sein Zelt beschlichen habe.

Ach, wie schnell umkreist ein Sonnenstrahl mit einem Flügelesel eng vereint das Weltall! Wenig Stunden, und Johanna und Dionys betreten unbehelligt durch Beobachtung den königlichen Hof. Hier sieht sich der Heilige vor, daß ihm nicht derselbe Spott begegne, den ihm Richemonts freches Wort in Orleans jüngst eingetragen, und er hüllt die geistliche Gestalt in das Gewand des guten Herrn Roger

von Beaudricourt*, der ein tapferer Degen, guter Katholik und ein
erlesener Redner war.

»Was, um Gottes willen?« redet er den König an: »kann, o königlicher Liebessklave, Euer Arm die Ruhe noch ertragen? Wie? Eure
rosen- und myrtenumgürtete Stirn senkt sich voller Scham nicht hin
zum Boden beim Gedanken, daß ein grauser Feind, den Eroberer
spielend, sich auf Frankreichs Thron bläht? Auf und wappnet Euch!
Entreißt den Staat den Händen dieses frechen Räubers! Krönt das
Haupt Euch mit dem Diadem, das ihm bestimmt ist! Denn der
Lorbeer wartet nur darauf, daß Eure Hände ihn sich pflücken. Gott
verkündet Euch durch meinen Mund, daß Er Euch schützen wird.
Folgt dem Heldenmädchen, das Euren Thron zurückgewinnen,
Euer Haupt beschützen will! Ermannt Euch! Ist es Euer Los, von
einem Mädchen durch die Welt geführt zu werden, oh, so flieht jetzt
jene, die nur Euer Herz verweichlichte und Euch ganz um Eure
Tugend brachte – folgt vielmehr den Schritten einer, die Eure
zertretene Ehre rächen will!«

Dieser Rede Kraft wirkte auf das Herz des Herrschers. Denn es liegt
die Ehre ebenso im Blut des Urfranzosen wie die Liebe. Jäh besann
sich die Vernunft beim Ton der himmlischen Trompete, die, aus
engelreinem Mund geblasen, Gräber öffnet und den Staub im Tages-
licht belebt. Ja, nun ist Herr Karl erwacht, nun glüht sein Mut in
Fiebern. Vor dem Aug' steht ihm klar ein ruhmvoll Bild von Kampf
und Sieg. Dann aber verlöscht die erste Glut, ergreift ihn neu der
Zweifel. Wär' ihm wirklich hier ein heimliches Geschenk beschert?
Kommt es nicht aus Teufels Klauen? Und um sich Gewißheit zu
verschaffen, wendet er sich hin zur stolzen Schönheit, um in maje-
stätischem Ton ihr eine Frage vorzulegen, die jedwedes Mädchen
sonst tödlich verwirrt hätte: »Seid Ihr denn auch wirklich Jungfrau?« –»Ja, o großer König«, ruft sie da begeistert aus. »Ja, ich bin
es noch! Befehlt nur Euren Ärzten und Matronen, Euren Geistlichen und Schulpedanten, Apothekern und so fort die Ergründung
meines weiblichsten Geheimnisses. Ist da jemand, der sich drauf
versteht – nun, so decke er es auf.«

Diese maßvoll kluge Antwort überzeugte den König mehr als alles,
was vorherging, daß sie wirklich Eingebungen habe. Doch geht es
noch weiter. »Wohl Euch, daß Ihr so gescheit seid«, fuhr er fort.

---

* Robert [nicht Roger] v. Beaudricourt führte 1429 Johanna nach Tours und
stellte sie dem König vor.

»Dann, o dann könnt Ihr auch augenblicks mir sagen, was ich heute
Nacht meiner Schönen angetan. Redet offen, schämt Euch nicht.«
»Was Ihr ihr angetan?« sprach sie verwundert. »Nichts, rein gar
nichts, großer Sire.« Überwältigt kniete da der König nieder, schrie
laut auf, daß hier fürwahr ein Wunder sich begeben habe, und
bekreuzte sich dabei. Und sofort war auch die Schar bepelzter
Arzeneidoktoren mit bemütztem Haupt zur Stelle, ihren Hippokra-
tes in der Hand, auf das gründlichste den stämmigen Busen zu
betrachten und sie dann auch weiterer Hüllen zu befreien, um auf
ernsthafteste Art gemeinsam zu ergründen, worauf es am Frankreichs willen hier am meisten ankam. Ohne weitere Verzögerung
erhielt sie unter allgemeiner Zustimmung darauf das jungfräuliche
Prüfungszeugnis ausgestellt.

Über dies Ergebnis stolz beglückt, wendete Johanna sich mit freiem
Schritt zurück zum König, und das prächtige Beinkleid, welches
sie dem Engländer geraubt, breitete sie vor ihm aus. Feierlich erbat sie
seine huldvolle Genehmigung dazu, Frankreichs Jammer abzuhel-
fen: »Bei meines Armes Stärke und bei meiner Jungfernschaft laß
mich dir schwören«, sprach sie, »daß du bald in Reims gesalbt, die
englischen Kohorten aus der orleanischen Stadt vertreibst. Komm
und folg mir jetzt, erfülle deine gotterkorene Sendung. Dulde, daß
ich dich begleite und dich fern der Ufer Tours' entführe!« Unter
hundertstimmigem Beifallsrufen und bewunderndem Händeklat-
schen aller Höflinge wird Johanna im Triumph vom Hof begleitet.
Der trägt ihr die Lanze, jener will ihr Knappe sein. Und nicht einer
unter ihnen, den nicht der geheime Wunsch ergreift, ihr das zu
rauben, was sie selbst bisher so wohl behütete. So nimmt man von
seiner alten Liebe schneller und leichter Abschied, läuft zum
Wucherer, verläßt gar ohne Zahlung seinen Wirt. Unter der voran-
wehenden Oriflamme wallt der Zug zum Tor hinaus. Oh, bei
diesem Anblick, wie flammt da in Karl das Vorgefühl unendlichen
Triumphes auf! Er verläßt ohne ein sichtlich Reuezeichen seine
Agnes, die ein holder Schlummer noch in später Morgenstunde
ahnungslos der Begebenheiten Gang entrückte, die in süßem Traum
noch den Geliebten zu umarmen wähnt. Ja, er flieht sie, von dem
heiligen Dionys als vermeintlichem Beaudricourt entführt! Dann,
von neuem Heiliger geworden, vertraut dieser Frankreichs und des
Königs Schicksal seiner kriegerischen Tochter an und versichert sie
auf immerdar der Schutzwacht seines Auges. Er verheißt ihr die
Vernichtung Talbots, läßt sich feierlich von ihr geloben, daß sie
ferner weiter ihren Mut und ihre Tugend wahren will, und kehrt

dann nach väterlichem Abschied, seinen Sonnenstrahl besteigend,
wieder in den Himmel ein.

Voltaire: Die Jungfrau. (La Pucelle d'Orléans).
Übertr. von Curt Morek. Durchges. von Ruth
Haemmerling. Bremen: Schünemann, 1964.
(Sammlung Dieterich. Bd. 294.) S. 23–32.

Anni Gutmann und Gerhard Sauder haben deutlich
gemacht, »daß Schiller trotz aller Opposition einen subtilen
Dialog mit Voltaires Werk führte« (Sauder, S. 223); SCHIL-
LERS Gedicht von 1802 deutet das mindestens an:

Das Mädchen von Orleans

Das edle Bild der Menschheit zu verhöhnen,
Im tiefsten Staube wälzte dich der Spott,
Krieg führt der Witz auf ewig mit dem Schönen,
Er glaubt nicht an den Engel und den Gott,
Dem Herzen will er seine Schätze rauben,
Den Wahn bekriegt er und verletzt den Glauben.

Doch, wie du selbst, aus kindlichem Geschlechte,
Selbst eine fromme Schäferin wie du,
Reicht dir die Dichtkunst ihre Götterrechte,
Schwingt sich mit dir den ewgen Sternen zu,
Mit einer Glorie hat sie dich umgeben,
Dich schuf das Herz, du wirst unsterblich leben.

Es liebt die Welt, das Strahlende zu schwärzen
Und das Erhabne in den Staub zu ziehn,
Doch fürchte nicht! Es gibt noch schöne Herzen,
Die für das Hohe, Herrliche entglühn,
Den lauten Markt mag Momus[1] unterhalten,
Ein edler Sinn liebt edlere Gestalten.

Friedrich Schiller: Sämtliche Werke. Hrsg. von
Gerhard Fricke und Herbert G. Göpfert. München: Hanser, 1958. Bd. 1. S. 460.

---

1 Momus: griech. »μῶμος«: Personifikation des Spottes und Tadels, nach
Hesiod ein Sohn der Nacht, später als hagerer Jüngling mit Satyrgesicht und
Narrenkappe dargestellt.

III. Zur Entstehungsgeschichte

Die erste Andeutung eines Planes zur »Jungfrau von Orleans« findet sich in einem Brief SCHILLERS an den Berliner Verleger Johann Friedrich Unger vom 17. April 1800:

»Was den Calender anbetrifft, so wünschte ich zu wissen, ob es Ihnen recht ist, wenn ich zur Basis desselben ein dramatisches Werk mache; denn da ich jetzt mit der vorzüglichsten Neigung in diesem Genre arbeite, so wünschte ich dabei zu bleiben und mir durch eine anderweitige Arbeit keine zu große Diversion zu machen.«

Jonas VI,148.

Es vergehen zwei Monate, bis er in einem Brief an den Freund Gottfried Körner vom 16. Juni von der »Anstalt« »zu einer neuen« Arbeit spricht (Jonas VI,162). Am 1. Juli nimmt er, nach seiner Kalendereintragung, diese Arbeit in Angriff, und schon am 3. Juli notiert Goethe in sein Tagebuch: »Abends Schiller über das Mädchen von Orleans« (NA XLII,300). Obwohl er am folgenden Tag seiner Frau Charlotte zuversichtlich schreibt: »Der Plan zu meiner neuen Tragödie ist bald fertig« (Jonas VI,167), obwohl er noch am 10. Juli Cotta mitteilt, er könne mit dem neuen Stück »vor Ende Decembers nicht fertig werden« (Jonas VI,170), mischen sich gegen Ende des Monats bereits Bedenken hinsichtlich des raschen Fortgangs in seinen Optimismus. Am 28. Juli schreibt er an Körner:

»Ich will Dir aus meinem neuen Plan kein Geheimniß machen; doch bitte ich, gegen niemand etwas davon zu erwähnen, weil mir das öffentliche Sprechen von Arbeiten, die noch nicht fertig sind, die Neigung dazu benimmt. Das Mädchen von Orleans ist der Stoff, den ich bearbeite; der Plan ist bald fertig, ich hoffe binnen 14 Tagen an die Ausführung gehen zu können. Poetisch ist der Stoff in vorzüglichem Grade, so nämlich wie ich mir ihn ausgedacht habe, und in hohem Grade rührend. Mir ist aber Angst vor der Ausführung, eben weil ich sehr viel darauf halte, und in Furcht bin, meine eigene Idee nicht erreichen zu können. In 6 Wochen muß ich wissen, wie ich mit der Sache daran bin. Auf das Hexenwesen werde ich mich nur wenig einlassen, und soweit ich es brauche, hoffe ich mit meiner eigenen Phantasie auszureichen. In Schriften findet man beinahe gar nichts, was nur irgend poetisch wäre; auch Goethe sagt mir, daß er zu seinem Faust gar keinen Trost in Büchern gefunden hätte. Es ist derselbe Fall mit der Astrologie, man erstaunt, wie platt und gemein diese Fratzen sind, womit sich die Menschen so lange beschäftigen konnten.

Das Mädchen von Orleans läßt sich in keinen so engen Schnürleib einzwängen, als die Maria Stuart. Es wird zwar an Umfang der Bogen kleiner seyn, als dieses letztere Stück; aber die dramatische Handlung hat einen größern Umfang, und bewegt sich mit größerer Kühnheit und Freiheit. Jeder Stoff will seine eigene Form, und die Kunst besteht darin, die ihm anpassende zu finden. Die Idee eines Trauerspiels muß immer beweglich und werdend seyn, und nur virtualiter in hundert und tausend möglichen Formen sich darstellen.«

Jonas VI,181 f.

Am 2. August schreibt er Goethe, es sei »an dem Plan dieser Tragödie noch gewaltig viel zu thun« (Jonas VI,184). Und am 3. September klagt er Körner:

»Seit meinem letzten Briefe an Dich bin ich ziemlich müßig gewesen, und sehe mich in meiner Arbeit um gar nichts vorgerückt.«

Jonas VI,194.

Am 5. September meldet er Goethe, er »habe nun förmlich beim Anfang angefangen« (Jonas VI,197). Am 13. schreibt er ihm:

»Mit meiner Arbeit geht es noch sehr langsam, doch geschieht kein Rückschritt. Bei der Armuth an Anschauun-

gen und Erfahrungen nach Außen, die ich habe, kostet es
mir jederzeit eine eigene Methode und viel Zeitaufwand den
Stoff zu beleben. Dieser Stoff ist keiner von den leichten und
liegt mir nicht nahe.«

Jonas VI,199.

Cotta gegenüber nennt er das Stück »weitläufig« (Jonas
VI,204), und an Körner schreibt er am 21. Oktober:
»Aber in der Arbeit rücke ich sehr langsam fort. Die Exposi-
tionen kosten mir immer viel Kopfbrechens bis ich mich erst
in dem Sattel fest gesetzt habe. Ich bin aber gutes Muths für
das Unternehmen, wenn ich gleich voraussehe, daß es mir
den ganzen Winter genug zu thun geben wird.«

Jonas VI,210.

Am 19. November schätzt er den noch erforderlichen Zeitaufwand auf »wohl noch vier Monate« (An August Wilhelm
Iffland, Jonas VI,215), obwohl er am selben Tag Goethe
mitteilen kann, er »habe die Scenen mit den Trimeters
beendigt« (Jonas VI,217), also die Auftritte 6 bis 8 des
zweiten Aufzuges. Briefe an Goethe vom 17. und Iffland
vom 18. Dezember (Jonas VI,227.230) bezeugen den konti-
nuierlichen Fortschritt der Arbeit während des Winters.
Goethe schreibt er am 24. Dezember 1800:
»Ich habe seit Ihrer Abwesenheit meine Tragödie auch um
einige bedeutende Schritte vorwärts gebracht, doch liegt
immer noch viel vor mir. Mit dem was jezt in Ordnung
gebracht ist bin ich sehr zufrieden und ich hoffe, es soll
Ihren Beyfall haben. Das historische ist überwunden, und
doch soviel ich urtheilen kann, in seinem möglichsten
Umfang benutzt, die Motive sind alle poetisch und größ-
tentheils von der naiven Gattung.«

Jonas VI,232.

Wenig später heißt es, unter dem 5. Januar 1801, in einem
Schreiben an Körner:
»Ich habe das alte Jahrhundert thätig beschloßen, und meine

Tragödie, ob es gleich etwas langsam damit geht, gewinnt eine gute Gestalt. Schon der Stoff erhält mich warm; ich bin mit dem ganzen Herzen dabei, und es fließt auch mehr aus dem Herzen, als die vorigen Stücke, wo der Verstand mit dem Stoffe kämpfen mußte.«

Jonas VI,234.

Die drei ersten Aufzüge sind gut vier Wochen später fertig; am 11. Februar schreibt Schiller an Goethe:

»Ich habe Ihnen von meiner Jungfrau schon so viel einzelnes zerstreutes verrathen, daß ich es fürs beste halte, Sie mit dem Ganzen in der Ordnung bekannt zu machen. Auch brauche ich jezt einen gewissen Sporn, um mit frischer Thätigkeit bis zum Ziel zu gelangen. Drei Acte sind in Ordnung geschrieben; wenn Sie Lust haben, sie heute zu hören, so werde ich um 6 Uhr mich einfinden.«

Jonas VI,243 f.

Offenbar hatte GOETHE Lust; er notiert unter demselben Datum in sein Tagebuch: »Um 6 Uhr Hofrat Schiller. Vorlesung der 3 ersten Akte« (NA XLII,317).

Die Arbeit eilt jetzt ihrem Ende entgegen; am 5. März heißt es, in nahezu gleichlautenden Formulierungen, in Briefen SCHILLERS an Friedrich Unger und Körner:

»Eben bin ich im Begriff auf einige Wochen nach Jena abzureisen, um dort in der Stille meines Gartenhauses mich zu Beendigung meiner Arbeit zu sammeln. Du hast schon einmal in einem Deiner Briefe sehr richtig bemerkt, daß ich hier mehr Zeit verliere als in Jena. Ich habe diß sehr erfahren und da außerdem eine sehr unruhige Straße worin wir wohnen und ein geräuschvolles Haus mich im Arbeiten stören, so muß ich fliehen um in Ruhe zu seyn. Wenn ich recht fleißig und in der Stimmung glücklich bin, so denke ich mit Anfang Aprils ziemlich fertig zu seyn; bis dahin ist freilich noch viel zu thun.«

Jonas VI,247.

Briefe aus Jena vom 10. März an seine Frau Charlotte und an
Goethe, in denen er die der Arbeit wenig förderliche Über-
stürzung und Terminnot beklagt, können eher als Zeichen
augenblicklicher Entmutigung eingeschätzt werden, denn
schon wenige Tage später, am 16. März, schreibt er seiner
Frau:

»Ich bin in den lezten drei Tagen ganz ungestört geblieben
und dadurch auch in meiner Arbeit gefördert worden.
Gegen das Tumultuarische in W. ist mein Auffenthalt im
Garten doch ohne Vergleich ruhiger und der Arbeit günsti-
ger. Ich denke den Rest meines Stücks hier noch im Groben
durchzuarbeiten, daß dasjenige, was zur Erfindung gehört,
fertig ist, ehe ich nach W. zurückkomme; denn ausarbeiten
und in Ordnung bringen geht dort eher an, aber zum
Schaffen gehört absolute Ruhe. Bis zum Osterfest könnte
also wohl mein Auffenthalt hier noch dauern, unterdessen
komme ich einmal hinüber oder sehe euch hier, wie es dir
am liebsten ist.«

Jonas VI,253.

Er bekundet am 24. März seine Absicht, den Jenenser Auf-
enthalt zur Fertigstellung des vierten Aufzuges zu nutzen,
und denkt bereits an den Abschluß des Dramas:

»[. . .] ich fühle mich hier doch sehr abgeschieden, und nur
das Interesse an meinem Geschäft, das wie eine Art von
Fieberzustand ist, kann mich über diese Trennung betäuben.
Indeßen denke ich mich zu depechieren und sobald mein
vorlezter Act in Ordnung ist, wieder hinüber zu kommen.
Zu dem lezten Act brauche ich drei Wochen und der Jubilate
Sontag ist es, an dem ich fertig seyn und jubilieren will. Auf
den nächsten Montag werde ich vielleicht mit meinem hiesi-
gen Pensum fertig, und setze mich dann sogleich in den
Wagen.«

Jonas VI,260.

Die Arbeit scheint ihm in dieser Schlußphase so glatt von der Hand zu gehen, daß er ihr Ende Goethe gegenüber am 3. April exakt vorherzusagen wagt:

»Möge Ihnen der Auffenthalt auf dem Lande nur recht günstig seyn! Ich will während Ihrer Abwesenheit mein Geschäft so weit als möglich zu fördern suchen, daß ich es Ihnen bald nach Ihrer Zurückkunft geendigt vorlegen kann. In etwa 14 Tagen hoffe ich am Ziele zu seyn. Von meinem lezten Act augurire ich viel Gutes, er erklärt den Ersten, und so beißt sich die Schlange in den Schwanz. Weil meine Heldin darinn auf sich allein steht, und im Unglück von den Göttern deseriert ist, so zeigt sich ihre Selbstständigkeit und ihr CharacterAnspruch auf die Prophetenrolle deutlicher. Der Schluß des vorlezten Acts ist sehr theatralisch und der donnernde Deus ex machina wird seine Wirkung nicht verfehlen.«

Jonas VI,266.

Die Voraussage sollte sich erfüllen, am 15. April, noch zwei Tage vor dem selbstgesetzten Termin, meldet er, wieder in Weimar, die Vollendung des Dramas:

»Ich werde heute mit meinem Stücke fertig, und dieser Tag ist mir also doppelt werth. Weil mir aber das Wetter zusetzt, und meine Arbeit mich in den lezten Tagen etwas angegriffen, so befinde ich mich nicht ganz wohl.«

Jonas VI,268.

Das Werk wurde also in der erstaunlich kurzen Zeit von neuneinhalb Monaten vollendet; rechnet man die Zeit vom 1. Juli bis 5. September 1800 ab, die der Ausarbeitung des Planes gewidmet war und dem »förmlich[en] Anfang« voraufging, so sind es nur siebeneinhalb Monate. Gleichwohl hatte Schiller noch gegen Ende des Jahres 1800 mit einer kürzeren Arbeitszeit gerechnet. Am 28. November hieß es in einem Brief an Unger:

»Allerspätestens in der Mitte des März ist die Tragödie in

Ihren Händen, dafür stehe ich Ihnen mit dem Wort eines
Mannes. Aber früher als ich fertig bin, verrath ich den Inhalt
nicht. Ich habe das Misvergnügen gehabt, daß von dem
Wallenstein und der Maria Stuart so viel im Publikum
geschwatzt worden, als beide Stücke noch unter meiner
Feder waren, daß mir die Arbeit dadurch beinahe verleidet
worden wäre. Um dieses zu vermeiden, habe ich selbst
meinen intimsten Freunden aus meiner jetzigen Arbeit ein
Geheimniß gemacht und Sie sollen der Erste seyn, der
zugleich mit dem Stück auch das Geheimniß erhält.«

Jonas VI,222 f.

Thomas Mann hat ihn den »fleißigsten der Dichter« genannt (»Gesammelte Werke«, IX,915), und offenbar war
die Arbeit Schillers Lebenselement, das bezeugt die De-
pression, die ihn nach der Vollendung des Dramas befiel.
Er selbst äußert sie in einem Brief an Körner vom 27. April
1801:

»Mir ist nun wieder ganz unbehaglich, ich wünschte wieder
in einer neuen Arbeit zu stecken. Es ist nichts als die
Thätigkeit nach einem bestimmten Ziel, was das Leben
erträglich macht.«

Jonas VI,270.

Und sie wird auch in einer Äußerung Friedrich Wilhelm
Schellings erwähnt, die CAROLINE SCHLEGEL in ihrem Brief
vom 16. Mai 1801 an August Wilhelm Schlegel festhält:

»Das Mädchen von Orleans kommt als Almanach bei Unger
heraus. Schiller hat Schelling gesagt, er mache nun nichts
mehr ohne drei Sujets in Vorrat, denn die Quale wäre gar zu
groß, wenn nun eines über Seit geschafft sei, wo das neue
herkriegen.«

NA XLII,320.

Das Stück erschien im Oktober 1801 bei Unger in Berlin
in dem »Kalender auf das Jahr 1802«. Der Band enthält

28 Seiten Kalendarium, auf 260 Seiten den Text des Dramas und 74 Seiten »Genealogie der regierenden hohen Häupter und anderer fürstlichen Personen in Europa«. Schiller hatte Wert darauf gelegt, »daß der Steg um einige Buchstaben schmäler genommen werde, um gewiß zu seyn, daß die Jamben, welche zuweilen zwölfsilbig sind nicht nöthig haben gebrochen zu werden; denn wenn dieses oft geschähe, so könnte der Calender dadurch um mehrere Bogen dicker und unbehülflicher werden, auch wäre es eine unnütze Verschwendung der Papierunkosten« (Jonas VI,269). Das Titelbild hatte Schiller bereits in seinem Brief an Unger vom 28. November 1800 vorgeschlagen:

»Nun entsteht die Frage, wie es mit den Kupfern soll gehalten werden. Mir scheinen diese überflüssig, denn das Werk wird sich, hoffe ich, selbst empfehlen, und da Sie das Mscrpt. nicht wohlfeil erhalten, so könnten Sie Sich die 100 Ld'ors, welche die Kupfer leicht kosten können, ersparen. Allenfalls könnte ein Titelkupfer genommen werden und dazu paßt nichts so sehr als eine Minerva. Diese könnte Herr Professor Meier von hier nach der schönsten Antike, die man von dieser Göttin hat, sorgfältig zeichnen und Herr Bolt punctieren. Das ist meine Proposition.«

Jonas VI,223.

Eine zweite Ausgabe des Dramas erschien zwar nicht mehr zu Lebzeiten Schillers, wurde aber noch mit seiner Zustimmung vorbereitet. Es ist der erste Band der Gesamtausgabe von Schillers dramatischen Werken, die 1805 in der J. G. Cottaschen Buchhandlung zu Tübingen unter dem Titel »Theater von Schiller« erschien. Der Band enthält außer der »Jungfrau von Orleans« den »Don Carlos«. Als Titelkupfer wurde auf Schillers Wunsch ein Bildnis der Jungfrau von Orleans gewählt, das Ferdinand Jagemann während seines Studienaufenthaltes in Paris nach einem Gemälde gezeichnet hatte, das auf Schiller »durch seine außerordentliche Einfachheit und sein Charakteristisches« (Brief vom 10. Februar 1805, Jonas VII,211) »den Eindruck eines echten, authenti-

schen Porträts machte. In Wirklichkeit handelt es sich um
ein Bildnis der Jeanne d'Arc in Orleans, das laut seiner
Inschrift 1581 von den Bürgern zur Erinnerung an den
Besuch König Heinrichs III. und seiner Gemahlin in Orleans am 15. November 1576 gestiftet wurde und das Jagemann modernisierend kopierte« (NA IX,408).

Unter die Dokumente zur Entstehung des Dramas müssen
auch KARL AUGUST BÖTTIGERS »Bemerkungen über die
Jungfrau von Orleans aus Schillers Munde. D. 26. Nov.
1801« gezählt werden. An diesem Tage wurden im Hause
August von Kotzebues einige Szenen des Stückes in priva-
tem Kreise gespielt. Der Aufführung und dem anschließen-
den Souper wohnte neben Schiller auch Böttiger bei. Er
notierte sich offenbar Schillers Äußerungen im Anschluß an
das Gespräch – oder das, was er davon verstanden hatte. Er
veröffentlichte sie in dem von ihm herausgegebenen Band
»Gallerie zu Schillers Gedichten. Vierte Schaustellung. Szenen aus der Jungfrau von Orleans.: Minerva für das Jahr
1812«, Leipzig 1811. In dieser Publikation gab er seine
Notizen als Briefe Schillers aus. Erst in Böttigers Nachlaß
fand sich das Manuskript, das dann Böttigers Sohn in seinem
Buch »Litterarische Zustände und Zeitgenossen« 1838 publizierte.

»Das Mädchen von Orleans ist ein in seiner Art einziges
Sujet in der Geschichte und ein beneidenswerter Stoff für
den Dichter, ohngefähr wie die Iphigenie bei den Griechen.
Schiller hatte dreierlei Plan[1] mit der Bearbeitung desselben,
und hätte er Zeit, so würde er die beiden andern auch noch
ausführen. Besonders lockend ist ihm der, wo ein treues

---

1 Schillers Freund Johann Wilhelm Petersen vermutete, es sei neben der
»romantischen« eine historische und eine antikisierende Gestaltung des Stoffes
von Schiller ins Auge gefaßt worden (NA XLII,654). Es findet sich für die
Erwägung anderer Pläne für ein Drama über die Jungfrau von Orleans nur ein
einziger, möglicherweise ironisch gemeinter Hinweis in einem Brief an Georg
Göschen vom 1. März 1802 (Jonas VI,360): »Sollte es dazu kommen, dass ich
eine neue Jungfrau von Orleans schreibe, so soll niemand als Sie diese vorlegen.«

Titelkupfer der Erstausgabe (Berlin 1802)

Gemälde der damaligen Sitten und vor allen der gedankenlosen Ausgelassenheit am Hofe Karls VII. (den Schiller jetzt nur schwach und liebenswürdig geschildert hat, dessen asotische[2] Denkart aber mehr Verachtung verdient) mit den Angriffen der Engländer und der begeisterten Entschlossenheit der Jeanne d'Arc ganz anders kontrastiert werden und alles bloß historisch geschildert werden müßte. Dann würde auch die Johanna in Rouen verbrannt. Überhaupt kostete es ihn großen Kampf, als er mit den ersten 4 Akten fertig war, von der Geschichte abzugehn. Er reiste deswegen nach Jena und erst nach einer wochenlangen Ablenkung aller Gedanken von seiner bisherigen Arbeit kam ihm der Geist und Entschluß zu der romantischen Ausführung, wie sie nun ist. Er arbeitete im ganzen 7 Monate daran.

Der König war damals der Schutzgott des dritten Standes, des Bürgers und Landmanns gegen die stolze Gewalt der hohen Vasallen und des Adels. Darum mußte er der Schäferin Johanna schon in einem rettenden, milden Lichte erscheinen und darin glaubt Schiller einen Zug der weiblichen Natur durchgeführt zu haben, daß sich Johanna, die das Reich als ein Abstraktum gar nicht denken konnte, sich doch nur immer den guten, liebenswürdigen König bei allen ihren Anstrengungen als letzten Zweck dachte. Daraus erklären sich mehrere Stellen besonders im Abschiede am Schluß des Prolog-Akts.

Die Szene mit dem Walliser Montgomery ist eine Lieblingsepisode des Dichters, die er ganz im Geiste homerischer Dichtung nach der Art bildete, wie dort in der Ilias Lykaon das Leben von Achilles erfleht; und darum nahm er auch hier die Jamben des alten Trauerspiels, die Senarios oder Trimetros zur Ausführung. Diese sind ihrer Zäsur wegen außerordentlich schwer, ob auch so schön und volltönend, daß es Schiller schwer wurde, nun wieder zu den Fünffüßlern zurückzukehren. Montgomery muß durch ein Frauenzimmer gespielt werden.

---

2 asotisch: unheilvoll, sittlich verdorben.

Das Stillschweigen der Johanna, als sie vor allem Volk vom Vater der Zauberei angeklagt wird, ist in ihrer visionären Schwärmerei selbst vollkommen gegründet. Dazu kommt die Vorstellung, sie dürfe aus Pflicht dem *Vater* nicht widersprechen. Bei diesem wirkt die gemeine Natur, in der es im Mittelalter und Christianismus gegründet ist, bei außerordentlichen Erscheinungen weit lieber auf ein übermenschliches böses, als gutes Principium zu schließen, und überhaupt lieber Böses zu denken, und böse Motive unterzuschieben. Dazu ist Thibault ein melancholischer, schwarzgalliger Mensch, mit dem auch die Johanna nicht ein *Wort spricht*. Doch ist sie seine Tochter, und es ist psychologisch, daß von einem solchen Vater eine solche der Schwärmerei empfängliche Tochter geboren werden konnte. Der Himmel bekräftigt des Vaters Zeugnis und er entsühnt sie wieder durch ein Donnerwetter, auf dessen Erfolg die Johanna sich auf einmal für schuldlos hält.

Der schwarze Ritter soll dazu dienen, uns mit einem neuen Band an die romantische Geisterwelt zu knüpfen, da hier immer zwei Welten mit einander spielen. Eigentlich dachte sich Schiller dabei den Geist des kurz vorher verschiedenen (als Atheist der Hölle zugehörigen) Talbot. Immer sind die Menschen auf der höchsten Spitze stehend gefallen. Das widerfährt von dieser Szene auch der Johanna. Vollenden ist nur Sache der Götter. Sie muß, da sie nun ein Wort spricht, was die Nemesis beleidigt, und wozu sie keinen Auftrag vom Himmel hatte, S. 170 [vgl. V. 2432 f.].

> Nicht aus den Händen leg ich dieses Schwert,
>   als *bis das stolze England untergeht*,

für diesen Übermut gestraft werden. Die Strafe folgt in der Verliebung in Lionel auf dem Fuß nach. Sie begehrt mit Geistern zu streiten. Eine einzige Berührung des Geistes lähmt sie.

Am Ende ist doch der ganze Handel mit der Verliebung nur eine Prüfung. Nur die *geprüfte* Tugend erhält zuletzt die kanonisierende Palme.«

Zit. nach: NA XLII,654.

IV. Dokumente zur Wirkungsgeschichte

Der Schauspieler, Theaterdirektor und Regisseur HEINRICH SCHMIDT (1779–1857) war am 24. April 1801 zugegen, als Schiller das Drama zum ersten Male vorlas:

»Später folgte ich noch einer andern Einladung Schillers, die mir das Glück verschaffte, der ersten Vorlesung der ›Jungfrau von Orleans‹ mit mehren Professoren und einigen andern Studenten aus Jena in Schillers Wohnung mit beiwohnen zu können ... Schiller las fort bis zum Schluß der Szene der Jungfrau mit dem Schwarzen Ritter und foderte dann die Gesellschaft auf, das Abendbrot einzunehmen, das in einem Nebenzimmer bereit stand. Halb sieben hatte die Vorlesung ungefähr begonnen; es war bald halb zehn, als wir aufstanden. Schiller schien etwas verlegen über die stille Aufnahme des bereits Gelesenen, denn wie mir ein Schauspieler versicherte, der mit zugegen war und früher auch der ersten Vorlesung der ›Maria Stuart‹ mit beigewohnt hatte, stand sie in der Wirkung der ersten Aufnahme der ›Maria Stuart‹ bei weitem nach. War es die auffallende Neuheit des Stoffs, oder die kühne, ganz eigentümliche Behandlung desselben, oder die Art des Vortrags: das Auditorium war überrascht und äußerte sich nicht sehr laut und enthusiastisch. Als wir uns um die Tafel, wo das Abendbrot serviert war, gestellt hatten, sagte Schiller zu der Gesellschaft: ›Sie werden wohl leicht erkannt haben, daß ich mir erlaubt habe, in dem Schwarzen Ritter, bei dem ich nichts einzuwenden hätte, wenn man sich auch den eben abgeschiedenen Ritter Talbot darunter denken will, einen Geist heraufzuführen, wie es ja Shakespeare und Voltaire auch getan haben.‹«

Zit. nach: NA XLII,319 f.

Die Uraufführung fand in Leipzig statt, nicht in Weimar, wo der Großherzog Karl August Bedenken äußerte, die er in einem Brief an Caroline von Wolzogen vom April 1801 formulierte: »Das Sujet ist äußerst scabrös[1], und einem Lächerlichen ausgesetzt, das schwer zu vermeiden sein wird, zumal bei Personen, die das Voltairsche Poëm fast auswendig wissen.« SCHILLER waren offenbar wohlwollendere Äußerungen zu Ohren gekommen, die er Goethe am 28. April 1801 mitteilte:

»Die Jungfrau habe ich vor 8 Tagen dem Herzog schicken müssen und habe sie noch nicht aus seinen Händen zurück erhalten. Wie er sich aber gegen meine Frau und Schwägerin geäusert, so hat sie, bei aller Opposition, in der sie zu seinem Geschmacke steht, eine unerwartete Wirkung auf ihn gemacht. Er meint aber, sie könne nicht gespielt werden und darinn könnte er Recht haben. Nach langer Berathschlagung mit mir selbst, werde ich sie auch nicht aufs Theater bringen, ob mir gleich einige Vortheile dabei entgehen. Erstlich rechnet Unger, an den ich sie verkauft habe, darauf, daß er sie als eine vollkommene Novität zur Herbstmesse bringe, er hat mich gut bezahlt und ich kann ihm hierin nicht entgegen seyn. Dann schreckt mich auch die schreckliche Empirie des Einlernens, des Behelfens und der Zeitverlust der Proben davon zurück, den Verlust der guten Stimmung nicht einmal gerechnet.«

Jonas VI,273.

Nach der Lektüre äußerte sich KARL AUGUST allerdings zustimmender:

»Schillers Mädchen von Orleans hat gewiß in seiner Art das schönste Ensemble und poetische Verdienste, wie sie selten anzutreffen sind, eine Wärme herrscht in diesem Poem, das auch denjenigen nicht kalt bleiben lässet, der nie christlicher Mythologie einen Geschmack abgewinnen konnte und der nie ein Interesse an einer Person oder Heldin zu fassen

1 frz. »scabreux« ›heikel, anstößig, schlüpfrig‹.

vermochte, die durch nichtmenschliche Inspiration zu das
wurde, was sie merkwürdig macht. Die betrübte deutsche
Sprache ist in die schönste Melodie gezwungen, deren sie
fähig ist, und die der deutschen Muse angeborene Herzlichkeit hat Schiller so veredelt wirken lassen, daß man zwischen
Erhabenheit und Herzlichkeit schwebt, wenn man dieses
Gedicht liest . . . Er hat auch gewußt eine Geschichte, die
verwandt mit derjenigen ist, die er behandelte und die in
verunedelten Einbildungs- und Erinnerungskräften (wie die
unsrige) mit lebhaften Farben abgedrückt steht, dergestalt
vergessen zu machen, daß wir auch nicht einen Augenblick
nur, bei Lesung oder Hörung der Schillerschen Jungfrau, an
Voltaires Pucelle dachten oder zu Vergleichungen gereizt
wurden.«

Zit. nach: NA IX, 442.

Neben dem Herzog war einer der ersten Leser Goethe,
dessen Urteil SCHILLER am 13. Mai 1801 dem in Dresden
lebenden Freund Gottfried Christian Körner (1756–1831)
mitteilt:

»Deinem Urtheil über meine Jungfrau von Orleans sehe ich
mit großem Verlangen entgegen. Göthe meint, daß es mein
bestes Werk sei, und ist mit dem Ensemble besonders zufrieden. Aber bei Stücken von solcher Breite und Mannichfal-
tigkeit giebt man sich erstaunlich aus, und es ist Zeit mehr
hauszuhalten.«

Jonas VI,278.

Offenbar hatte sich dieser Brief mit KÖRNERS Schreiben
über die »Jungfrau« vom 9. Mai 1801 gekreuzt:

»Ich bin, wie gesagt, noch lange nicht ruhig genug, um ein
Urteil zu fällen. Auch mag ich mich auf gar keine Vergleichung mit Deinen früheren Arbeiten einlassen. Aber dies
unterscheide ich doch in der Totalwirkung: daß es nicht
Deine *Manier* ist, die mich besticht. Diese Manier war groß,
und das Persönliche darin hatte für mich einen unwidersteh-

lichen Reiz. Aber schon in einem großen Teile von Wallenstein, fast mehr noch in der Maria und, wie mich dünkt, am meisten in diesem Werke habe ich Dich ganz vergessen und an der Darstellung den reinen Kunstgenuß gehabt. Der Stoff ist nun von seinen Schlacken gesäubert und von der Phantasie in eine Glorie gestellt. An Schwierigkeiten fehlte es Dir nicht. Mancher stutzt schon bei dem Namen, der einmal die Pucelle gelesen hat. Aber er mag sie gleich noch einmal lesen – und wenn er sonst durch Frivolität nicht entseelt ist, will ich ihm ohne Bedenken unmittelbar darauf Deine Johanna in die Hand geben. Es gab manche andere verborgene Schwierigkeiten – die Verbindung der Weiblichkeit mit dem religiösen Heroismus – der Charakter des Königs – die Mischung des Übernatürlichen mit dem Wahrscheinlichen, so daß die Grenzen von beiden sich ineinander verlieren – der Vater der Johanna usw. – bei allem diesen bleibt mir jetzt auch nach dem zweiten Lesen noch nichts zu wünschen übrig. – Die Stanzen und der geänderte Versbau bei den wichtigsten Situationen sind von köstlicher Wirkung für den höheren Kunstsinn – oft da am meisten, wo sie der gemeinen Täuschung zu trotzen scheinen.«

Zit. nach: NA IX,442 f.

Schillers Einschätzung der Aufnahme seiner Dichtung am Weimarer Hof entsprang nicht nur einer vorübergehenden Verstimmung; sie wird ein Vierteljahr später noch durch den Brief an Leopold von Seckendorf (1775–1809) vom 1. August 1801 bestätigt:

»Mein neues Stück ist noch gar nicht in Weimar gespielt worden. Verschiedene theatralische Zänkereien und andere verwickelte Verhältnisse haben mich in den letzten Monaten des hiesigen Theaterjahres von dem Schauspielwesen ganz abgezogen. In zwei Monaten erscheint das Stück bei Unger in Berlin gedruckt, wird aber vorher auf mehreren ausländischen Theatern wie z. Bspl. Hamburg, Berlin, Leipzig,

Schwerin gespielt werden. Was Sie von dem Stück gehört
haben, muß von einer Vorlesung herrühren, die ich bei der
Herzogin Amalie davon gehalten habe.«

Jonas VI,297.

Daß Schiller eine empfindliche Reaktion auf sein Drama von
Anfang an nicht ausgeschlossen hatte, bestätigt indirekt auch
der Brief an Christoph Martin Wieland (1733–1813) vom
17. Oktober 1801:

»Anstatt einer *Hetäre* sende ich Ihnen hier eine *Jungfrau*,
und möchte diese nur keine schlechtere Figur unter den
Jungfrauen spielen, als Ihre *Lais* unter den Freundinnen.
Beide haben übrigens dieses mit einander gemein, daß sie
zwei übel berüchtigte u. liebenswürdige Damen wieder zu
Ehren zu bringen suchen, u Sie werden mir zugeben, daß
Voltaire sein Möglichstes gethan, einem dramatischen Nach-
folger das Spiel schwer zu machen. Hat er seine Pücelle zu
tief in den Schmutz herabgezogen, so habe ich die meinige
vielleicht zu hoch gestellt. Aber hier war nicht anders zu
helfen, wenn das Brandmal, das er seiner Schönen auf-
drückte, sollte ausgelöscht werden.«

Jonas VI,308.

WIELANDS Antwort bekundete höchste Anerkennung:

»Man erinnere sich nur des *Monologs* im ersten Act der
Jungfrau von *Orleans*, worin die tiefgerührte, ahnungsvolle,
aber vom Gefühl ihres himmlischen Berufs innigst begei-
sterte *Johanna* von ihren bisherigen Umgebungen, Beschäf-
tigungen und Freuden wie von sich selbst Abschied nimmt.
Ich kenne nichts Vollkommeneres in unsrer Sprache, keine
schöneren Stanzen, keine reinere Harmonie der Gedanken,
Bilder und Worte in einem melodischern Rhythmus und
zwangfreiern, obgleich untadelig regelmäßigen Reimen.
Auch tut alles dies vereinigt eine so zauberische Wirkung auf
alle Zuhörer, wie sie der Dichter schwerlich mittelst irgend
einer andern metrischen Form hätte erreichen können.

Dafür kenne ich aber auch unter seinen bisherigen Nachahmern keinen, dessen Versuche in dieser Art eine Vergleichung mit jenem unübertrefflichen Monolog aushalten könnten.«

Zit. nach: NA IX,444.

Das Wunderbare, Traumhafte in dem Drama löste aber schon bei den ersten Lesern auch Befremden aus; der Schauspieler Friedrich Ludwig Schröder (1744–1816) schreibt am 8. August 1801 an Schiller:

»Nach meinem Gefühle habe ich gewünscht, daß alles ohne Wunder zugehen möge, und halte es nicht für schwer, wenn Sie sie noch daraus verbannen wollen. Die Erscheinung der Mutter Gottes als *Traum* kann eben das bei dem Mädchen bewirken. Sie manifestürt sich bei dem Könige durch die gewonnene Schlacht; sie glaubt sich verworfen, da sie Liebe für Lionel empfindet, die ihr ebenfalls im Traume untersagt war. Nur die Katastrophe müßte geändert werden. Verzeihen Sie, daß ich Ihnen unaufgefordert mein Gefühl bei Durchlesung dieses schönen Produkts mitteile.«

Zit. nach: NA IX,440.

Am 11. September 1801 wurde »Die Jungfrau von Orleans« in Leipzig uraufgeführt. Schiller wohnte der dritten Vorstellung am 17. September bei. Seine Mutter Elisabeth Dorothea Schiller (1732–1802) zitiert in einem Brief vom 28. Oktober 1801 an ihre Tochter Luise Dorothea Katharine (1766–1836) einen Bericht Schillers über die Huldigungen des Publikums:

»Auch habe ich vor etlichen Tagen Briefe wieder von *Fritzen* und *Lotte* bekommen. Er ist nicht in Berlin gewesen, wie *Fene* schrieb, aber in *Dresden* und *Leipzig*, da in letzterem ihm große Ehre geschah. Er schrieb auch, daß ein neues Stück, von ihm gemacht, zu Lieb ihm *aufgeführt* worden. Als er in die Loge, so wäre Er gleich mit Pauken und Trompeten empfangen worden, und nach dem ersten Act

rief Alles zusammen: ›*Es lebe Friedrich Schiller!*‹ und er
mußte hervortreten und sich bedanken. Als er aus der
Comödie ging, nahmen Alle die Hüte vor ihm ab und riefen:
›*Vivat, es lebe Schiller, der große Mann!*‹ Das ist freilich eine
Ehre, die nur einem Prinzen gemacht wird.«

> Zit. nach: Friedrich Schiller. Hrsg. von Bodo Lek-
> ke. Bd. 2: Von 1795–1805. München: Heimeran,
> 1970. (Dichter über ihre Dichtungen.) S. 436 f.

THOMAS MANN (1875–1955) paraphrasiert diesen Bericht
eindrucksvoll in seinem »Versuch über Schiller«:

»Sie [»Die Jungfrau von Orleans«] wurde einer seiner größten Theatersiege, und die Leipziger Aufführung, der der
Zweiundvierzigjährige beiwohnte, war wohl der äußere
Höhepunkt seines Lebens. Pauken und Trompeten, Publi-
kumsspalier, Fackeln und Lebehochs auf ›Schiller, den großen Mann!‹. Und der längst schon Schwerkranke geht hindurch, sehr lang von Wuchs, aber gebeugt, von starkem
Knochenbau, aber schwacher Muskulatur, in seinem vom
Leiden veredelten, ja verschönten Gesicht den Ausdruck
von Schwermut, Freundlichkeit, Ernst und Zerstreutheit,
den Goethe beschreibt; etwas geniert, wie immer, vom
brausenden Erfolg, auf den er es seines Wissens nicht abge-
sehn hatte und der ihm doch eingeboren, seine Natur, sein
innerster Wille ist«.

> Thomas Mann: Gesammelte Werke. Bd. 9. Frank-
> furt a. M.: S. Fischer, ²1974. S. 886 f.

Eine Notiz im »Journal des Luxus und der Moden«, Weimar, Dezember 1801, bestätigt die Schilderung von Schillers
Mutter:

»Die Jungfrau von Orleans ist seit dem 11ten September, als
der ersten Darstellung, kurz hintereinander acht Mal mit
ausnehmendem Beifall gegeben worden. Als der Verfasser
am 17ten gedachten Monats der dritten Aufführung beiwohnte, empfing man ihn, unter dem Ertönen der Pauken
und Trompeten, mit allgemeinem Klatschen, Vivat und

Zuruf, nicht allein zum Danke des gegenwärtigen Genusses, sondern weil er auch überhaupt für dieses Jahr an der theatralischen Ergötzung des Publikums den bei weitem größten Beifall hatte.«

Zit. nach: NA IX,438 f.

Eine ebenso emphatische Begeisterung zeigt Schillers Verleger GEORG JOACHIM GÖSCHEN (1752–1828) in einem Brief vom 6. Oktober:

»Ich habe die Jungfrau von Orleans gesehen. Erlauben Sie, daß ein Laie Ihnen das Resultat seiner Empfindung schreibt. Nach meinem Gefühl ist es eine himmlische Dichtung. Ich habe mich nie mit Klassifikationen befassen mögen. Mir ist also nicht eingefallen, ob es naiv oder sentimental ist. Aber es hat mich die gewöhnliche Welt vergessen lassen; ich habe mich durch die zarte Weiblichkeit und Reinheit des Mädchens erquickt, ich war in eine höhere Schöpfung erhoben. Was die Griechen hatten und wir bisher auf unserem Boden entbehrten, eine Wirkung himmlischer Mächte mit den Kräften der Menschen, das habe ich hier gefunden, ohne daß mich irgend etwas in meiner Illusion gestört hätte [. . .] Ich muß mir Gewalt antun, um in meinem Enthusiasmus Ihnen nicht Ihr eignes Werk vorzusetzen – das ist eine himmlische Diktion! Das ist eine geistige Schöpfung und ein Engel aus eines Menschen Seele geboren.«

Zit. nach: NA IX,443.

Als »Zeugnis einer [. . .] zugleich sittlichen und rührenden Wirkung auf das andere Geschlecht führt der Kommentar der Nationalausgabe einen Brief von AMALIE VON IMHOFF (1776–1831) an Friedrich Konstantin von Stein (1772–1844) vom 2. November 1801 an:

»Ich gestehe Ihnen, daß ich die halbe Rolle der Johanna auswendig weiß und die andere Hälfte noch zu lernen denke; der hohe fromme Geist der Dichtung hat mich gewaltig ergriffen und mich im Innersten gerührt; in einer isolierten Existenz wie die meinige, ist es oft ein Bedürfnis

für das warme und doch stets verschlossene Herz, sich an
einem hohen Ideal zu ergötzen; zumal wenn dessen Grund-
charakter verwandte Züge trägt –. Die tiefe, stille Melancho-
lie der Johanna – das unwillkürliche Fortstreben auf einen
Weg, wo sie gleichsam gezwungen wandelt – die falsche
Ansicht, welche auch diejenigen von ihr haben, die sie am
meisten lieben – dies alles scheint mir ein Gegenstand ganz
des Trauerspiels würdig und dessen ernsten Forderungen
angemessen; das Schicksal wirkt gleich stark mit dem
Charakter – und dieser führt die Katastrophe notwendig
herbei.«

Zit. nach: NA IX,441.

Ablehnend schreibt indes CLEMENS BRENTANO (1778–1842)
an seinen Schwager Friedrich Carl von Savigny (1779
bis 1861):
»Hier ist kein Urteil über Jeanne d'Arc, wie über nichts,
weil man das höchste Urteil zu nahe hat, die Veit ist sehr
gerührt, aber doch nicht aufrichtig. Mein Urteil: in der
Vorrede Reminiszenzen aus Herm[ann] und Dorothea,
Schluß, wo die Kinder versprochen werden für nach dem
Krieg; in der Mitte die Scene des Montgomery, Reminiszenz
aus der Ilias, Achilles und der Ilyonner, sogar noch das
Epische in Montgomerys Rede. Der schwarze Ritter! er
verschwindet? a, a, es war ein Gespenst! Das Tragische, sie
wird als Hexe verbrannt, warum halten sie die Fr[anzosen]
und Engländer nicht ebenso für eine Heilige, wie es das
Publikum soll, da sie doch lauter

übernatürliche
wundertätige } Hexenstreiche

macht? Warum die Wundergeschichte in das Reellste,
Unwunderlichste, den Krieg, mit hineingesteckt, in dem es
nicht zerrinnt und alleinsteht, weil bloße Tapferkeit dasselbe
getan hätte. Sonst schön Kriegsgetümmel, schöne Beschrei-
bungen, schöne Reden, mehr Poesie als sonst und weniger
Haltung. Warum? mich hat sie garnicht gerührt.«

Zit. nach: NA IX,445 f.

Zu einem abgewogeneren kritischen Urteil gelangt LUDWIG
TIECK (1773–1853):

»In der ›*Johanna*‹ kommt auch noch die Gesinnung und das
Gemüt des Dichters in Betracht. Daß die Geschichte dieses
heldenmütigen Mädchens großartiger, in der Wahrheit
selbst wunderbarer und tragischer, also auch viel poetischer
sei, als Schiller uns diesen Charakter und die Begebenheit
umgearbeitet hat, ist schon von vielen behauptet und bewiesen worden. Das Wunder ihrer Erscheinung, dessen, was sie
wirklich tat, um ihr Volk zu befreien, ist schon groß und
unerklärlich genug, so daß Imagination und Vernunft schon
viel zu verarbeiten finden und der Dichter auch ohne weiteres einen schweren Stand hat, uns nur das glaublich zu
machen, wovon ein ganzes Zeitalter Augenzeuge war. Ist es
ihm aber wohl erlaubt, noch eigentliche Mirakel, von denen
die Geschichte wie die Legende seiner Heldin nichts
erwähnt, zu erdichten? Ihr eine magische Gewalt im Blick,
ein Allwissen zuzuschreiben? Darf er, ohne irgend psychologisch, oder poetisch, oder wie es sei, diese Mirakel zu
erklären, uns anmuten, sie zu glauben, oder sie für Gegenstände zu erkennen, die der theatralischen Darstellung fähig
sind.«

Zit. nach: NA IX,446.

Später hat er im Gespräch mit Rudolf Köpke vor allem
Schillers Rhetorik bemängelt:

»Die großen Monologe in der ›*Jungfrau von Orleans*‹ werden ihm ebenso zu isolierten Deklamations- ja man kann
sagen Musik- und Konzertstücken. Gerade hierin hat Schiller viele Nachahmer gefunden, die sein rhetorisierendes
Pathos aufgriffen, ohne seinen Genius zu haben, und am
Ende nur seine Fehler nachzuahmen vermochten.«

Zit. nach: NA IX,447.

Als ein Beispiel für Literaturrezeption aus persönlichen
Motiven kann der Brief von Luise Brachmann (1777–1822)
an Schiller vom 9. April 1802 gelesen werden:

»Ein Hauptbeweggrund zu diesem Briefe war auch der
Wunsch, Ihnen für den schönen Genuß zu danken, den Sie
mir durch Ihre neueren Trauerspiele verschafft haben, vor-
züglich durch ›Die Jungfrau von Orleans‹. Mein ganzes
Geschlecht sollte Ihnen für dieses herrliche Stück danken;
Sie haben uns die hohe Heldin nur darum so groß und
herrlich dargestellt, damit wir etwas haben sollten, woran
sich unser schwächerer Mut aufrichten und erheben könnte.
Sollten Sie es wohl glauben, daß ich in den Tagen meines
tiefsten Schmerzes, wo sich andre vielleicht vor Trauerspie-
len gefürchtet haben würden, aus Ihrer ›Jungfrau‹ (die, wenn
sie gleich kein eigentliches Trauerspiel ist, doch eine tiefe,
ans Tragische grenzende Bewegung hervorbringt) und aus
dem ›Wallenstein‹ Mut und Tröstung schöpfte? Einen so
großen Verlust, wie der meinige ist, kann man nicht *vergessen*, aber man kann ihn *ertragen*, ihn *überwinden* lernen,
und dazu konnte die hohe Heldenstärke dieser beiden
Stücke meine sinkenden Kräfte erheben. Wenn mich aber
auf der einen Seite diese über Tod und Schicksal triumphie-
rende Stärke der Jungfrau und ihre feste Ergebung in den
Willen einer höheren Macht erhob, so schmolz auf der
anderen Seite die rührende Episode im ›Wallenstein‹ von
Max und Thekla meinen Schmerz in eine sanfte Wehmut
um«.

Zit. nach: NA IX,441.

Gerhard Sauder verdanken wir den Hinweis auf ein bisher
unbeachtetes Dokument zur Aufnahme des Dramas bei
seinem Erscheinen. Caroline de la Motte-Fouqué
(1773–1831) veröffentlichte es 1830 anonym in Cottas
»Morgenblatt für gebildete Stände« unter dem Titel:
»Geschichte der Moden, vom Jahre 1785–1829. Als Beytrag
zur Geschichte der Zeit«:

»Wie aus den wilden, blutigen Kämpfen des Alterthums die Ritterzeit hervorgeht, sehen wir die *Jungfrau von Orleans* jener Trilogie des Wallenstein folgen. Unbeschreiblich, und mit nichts Anderm in der Folge zu vergleichen, war der Eindruck des phantastisch-romantischen Trauerspiels bei dessen erstem Erscheinen. Wohl kann man sagen, der Vorhang einer neuen Welt ward aufgezogen. Wenn der spätern romantischen Schule ohnstreitig das Verdienst zugeschrieben werden muß, die Richtung nach dem Idealen ausgebildet zu haben, so darf es nicht vergessen werden, daß die Jungfrau von Orleans das erste vollständige Kunstwerk war, welches diese Richtung allgemein gab: *allgemein*, insofern das lebendigste Interesse augenblicklich für ein Übersinnliches aufflammte, das der bisherigen Gesinnung, den politischen und philosophischen Ansichten, der poetischen Stimmung, wie sich diese in der Mehrzahl kund gab, völlig entgegen war. Unmöglich könnte der bloße Klang der Worte, die Vertrautheit mit denselben, die einmal begründete Vorliebe für den Volksdichter, dieß Wunder bewirkt haben, wäre es nicht gerade *ihm* beschieden gewesen, den Funken anzuschlagen, von dem wir sagen dürfen, er sey der Verkünder eines wahrhaft innern, lebendigen Feuers geworden. Zauberhaft wirkte der Anblick des begeisterten Heldenmädchens. Bis zu der untersten Klasse der Zuschauer wußten Alle ihre Worte auswendig. Man hörte sie in den Logen wie im Parquet neben sich flüstern, noch ehe die Schauspielerin sie sprach, und die bangen Athemzüge ließen sich zählen, als sie endlich durch höhere Macht die Ketten zerriß und wie der Engel des Herrn zu den Ihrigen zurückkehrte. Bald forderte, bald wollte man nichts sehen als dieß fremde, phantastische Trauerspiel, und war das auch Effekt der Mode, so beweist dieß nur, daß diese niemals unabhängig von dem Zustande geistiger Bildung ist.«

Zit. nach: Jahrbuch der Jean-Paul-Gesellschaft 12. Hrsg. von Kurt Wölfel. München 1977. S. 43 f.

Kein Dokument im strengen Wortsinn, aber eine Dokumen-
tation der Aufführungs- und Zensurpraxis in den deutschen
Staaten zu Zeiten Schillers ist HEINRICH HUBERT HOUBENS
(1875–1935) Darstellung der Eingriffe, die man bei den
ersten Aufführungen auf den deutschen Bühnen für geboten
hielt:

»Sogar bei der Berliner Uraufführung am 23. November
1801 ging es nicht ohne Striche und Änderungen ab; der
schwarze Ritter Montgomery und der Erzbischof mußten
fortfallen; nach dem Theaterzettel hatte Schiller selbst die
Einrichtung besorgt, in Wirklichkeit soll aber der Ge-
schichtsschreiber Karl Ludwig v. Woltmann dabei den
Zensor gespielt haben (s. Geiger, ›Berlin‹ II,163). Um so
mehr Gewicht legte Iffland auf die Ausstattung; der pomp-
hafte Krönungszug wurde fast ein Schauspiel im Schauspiel
und später auch oft selbständig dargestellt. – Schlimmer
erging es dem Stück schon in Dresden, wo der Hofmarschall
v. Racknitz das Theater leitete. Die dortige Aufführung fand
am 26. Januar 1802 statt, und Schillers Freund Körner
berichtete darüber am folgenden Tage: ›Die Veränderungen
waren zahllos und von einer Art, die Du kaum errathen
solltest . . . Racknitz hatte die anstößigen Stellen nur ange-
strichen, und die Schauspieler, besonders Opitz, hatten
andere Lesarten substituirt (!). Nur einige Beispiele: Jungfrau erinnerte zu sehr an Jungfrau Maria, daher war der Titel
„Johanna d'Arc", und anstatt: „Gott und die Jungfrau",
hieß es: „Tod den Feinden, Sieg den Franken!" – „Vor
diesen fränkischen Weichlingen zu fliehen?" hätte den französischen Gesandten beleidigen können; es hieß also: „vor
dieser Handvoll Feinde". – Für Gott wurde Himmel, für
Teufel: böser Geist gesagt. – Agnes hatte *Freundschaft* für
den König, und in dem 2ten Gebete hieß es anstatt Deiner
Agnes Liebe: Deines Volkes Liebe . . . Sonderbar war indessen, daß der Prinz Anton und die Prinzessin Maria Anna,
Schwester des Churfürsten, gedruckte Exemplare mitge-
nommen hatten, worin sie oft nachlasen.‹ Die Mutter Gottes

durfte überhaupt nicht genannt werden, Johanna war nicht
von ihr, sondern vom ›Genius Frankreichs‹ begeistert; den
Bischof vertrat ein ›Seneschall‹. – Am 10. Februar meldete
Körner noch, daß ›die sehr unpoetische Natur‹ des Kurfür-
sten (erst 1806 Königs) Friedrich August III. von dem Stück
außerordentlich ergriffen worden sei. ›Er hat gegen Jemand
geäußert, es hätte noch kein Stück eine „sensation aussi
profonde" auf ihn gemacht. Auch die Hofdamen sind ganz
verliebt in die Jungfrau ... Seconda hat noch bei keinem
Stück so viel eingenommen.‹ –
Fürchterlich aber wurde die ›Jungfrau‹ in Wien zugerichtet.
Schon im Herbst 1801 sollte sie auf dem Theater an der Wien
gegeben werden; der Direktor Schikaneder hatte dem Dichter dafür 300 Fl. Honorar versprochen, was für Schillers
stete Geldverlegenheit ein sehr wirksames Pflaster gewesen
wäre. Aber am 6. Januar wußte Joseph Sonnleithner dem
Berliner Professor und Verleger Unger zu melden, das Stück
sei verboten und an eine Aufführung nicht zu denken
(Urlichs, ›Briefe an Schiller‹, S. 445). Dennoch wurde es
schon am 27. Januar 1802, und zwar auf dem Burgtheater
gegeben, aber unter dem Titel ›Johanna d'Arc‹, denn schon
das Wort Jungfrau erschien aus religiösen oder sittlichen
Gründen anstößig, ohne Namen des Autors und, wie
›Fiesco‹, in einer sechsaktigen Bearbeitung (der Monolog
war Akt I) des berüchtigten Escherich, der, wie selbst
Hägelin meinte, ›Personen und Stellen geändert, manche
Blätter und Passagen ausgestrichen, Lücken ausgeflickt und
alles getan hatte, um ein anderes Stück herzustellen‹. Sein
Machwerk erschien sogar im Druck. Selbst der damalige
Polizeiminister soll darüber so empört gewesen sein, daß er
es nur unter dem Namen des Bearbeiters aufgeführt sehen
wollte, was aber Escherich zu verhindern wußte. Daß man
Schillers Namen verschwieg, war daher wohl mehr ein Akt
wohlwollender Rücksicht.
In dieser Escherichschen Verhunzung waren Frankreich und
England fast gar nicht mehr genannt; Karl VII., jetzt nur

noch König Karl, regierte nicht Frankreich, sondern ein
›Reich‹ im Monde, die Engländer hießen nur die ›Inselbe-
wohner‹ und waren auch nicht mehr ›frech‹, sondern ›kühn‹.
Der Bearbeiter fürchtete jedenfalls, durch Erinnerung an alte
Konflikte die Friedensverhandlungen zu stören, die damals
gerade zwischen beiden Ländern im Gange waren und am
25. März zum Frieden von Amiens führten. Auch der um
sein Leben bettelnde Walliser Montgomery fiel nicht mehr
dem Schwert der Jungfrau, sondern dem Rotstift des Zen-
sors zum Opfer. Isabeau war nicht mehr des Königs Mutter,
sondern nur seine auch sonst von allen sittlichen Makeln
gereinigte Schwester, und ihre Treulosigkeit gegen den Bruder wurde sogar dadurch ›motiviert‹, daß er sich einmal ›am
Haupt der Schwester‹ vergangen habe. Noch weniger als
eine unnatürliche Mutter durfte sich eine Mätresse auf dem
Hoftheater zeigen. Also wurde des Königs Geliebte, Agnes
Sorel, in seine rechtmäßige Gemahlin verwandelt, und Herzog von Burgund wurde nicht mehr, wie es ›Herrenrecht zu
Arras‹ ist, zum Kuß auf die Stirn, sondern nur zum Hand-
kuß bei der jetzt rechtmäßigen Königin zugelassen. Im 3.
Akt wurde Johanna zwar noch durch den König geadelt,
aber ›Du sollst die Lilie im Wappen tragen‹ wäre gar zuviel
Ehre für ein Bauernmädchen gewesen; dieser Vers blieb also
fort.«

Heinrich Hubert Houben: Verbotene Literatur
von der klassischen Zeit bis zur Gegenwart. Ein
kritisch-historisches Lexikon über verbotene Bü-
cher, Zeitschriften und Theaterstücke, Schrift-
steller und Verleger. Hildesheim: Olms, 1965.
(Reprogr. Nachdr. der Ausg. Berlin 1924.)
S. 558–560.

AUGUST WILHELM SCHLEGEL (1767–1845) hat in seinen 1846
erschienenen »Vorlesungen über dramatische Kunst und
Literatur« die romantische Ablehnung des Stückes erneut
und differenzierender vorgetragen:

»An einem wunderbaren Stoffe, wie die Geschichte der
Jungfrau von Orleans ist, glaubte Schiller sich mehr Freihei-

ten erlauben zu dürfen. Die Verknüpfung ist loser; die Scene mit dem Montgomery, eine epische Einmischung aus der Ilias, fällt aus dem Tone; bei der seltsamen und unbegreiflichen Erscheinung des schwarzen Ritters ist die Absicht des Dichters zweideutig; im Charakter des Talbot und manchen anderen Teilen hat Schiller nicht glücklich mit Shakespeare gewetteifert; und ich weiß nicht, ob der aufgewandte Farbenzauber, der denn doch nicht so glänzend ist, als man sichs denken könnte, das darüber eingebüßte strengere Pathos vergütet. Die Geschichte der Jungfrau von Orleans ist aufs genaueste beurkundet, ihre höhere Sendung wurde von ihr selbst und großenteils von ihren Zeitgenossen geglaubt und brachte die außerordentlichsten Wirkungen hervor. Das Wunder konnte der Dichter dahingestellt sein lassen, wenn ihn der Zweifelgeist seiner Zeitgenossen davon ablenkte, es für wahr zu geben; und das wahre schmachvolle Märtyrertum der verratenen und verlassenen Heldin würde uns tiefer erschüttert haben als das rosenfarb erheiterte, welches Schiller im Widerspruch mit der Geschichte ihr andichtet. Shakespeares wiewohl aus seinem nationalen Gesichtspunkte parteiische Darstellung ist dennoch weit historischer und gründlicher. Indessen bleibt das deutsche Stück immer eine schöne Ehrenrettung eines durch frechen Spott geschändeten Namens, und seine blendenden Effekte, durch den reichen Schmuck der Sprache unterstützt, verdienten ihm ein ausgezeichnetes Glück auf der Bühne.«

Zit. nach: NA IX,447.

Die 1835–42 erschienene fünfbändige »Geschichte der poetischen Nationalliteratur der Deutschen« von GEORG GOTTFRIED GERVINUS (1805–71), mit der man den Beginn der deutschen Literaturgeschichtsschreibung zu datieren pflegt, läßt bereits den historischen Abstand zur Romantik erkennen:

»Die Sättigung an seiner Professur, ein anhaltendes Lungenleiden, der Wunsch, die Anschauung des Theaters zu haben,

bestimmten Schiller'n 1799 nach Weimar überzuziehen.
Allein seine Versorgung war knapp, er arbeitete zur schlimmen Stunde, steigerte sich durch schlimmere Mittel und
trieb es zu Goethe's Kummer mit der Behauptung seiner
Freiheit zu weit. Er machte sich nun die über dem Wallenstein erlangte Übung zu Nutze und zierte fast jedes Lebensjahr mit einem neuen Stücke. Sie sind theilweise ein wenig
über Einen Leisten gearbeitet, und Goethe gab ihm das
gelegentlich zu verstehen, indem er ihm sagte, er müsse
durch Nachdenken und Übung dem dramatischen *Metier* so
viele Handgriffe abgewinnen, daß Genie und reine poetische
Stimmung nicht gerade zu jeder Arbeit nöthig sein dürften.
Allein Schiller fühlte sich auf diesen Stich doch auch gleich
wieder, und war sich bewußt, daß er nie dem Theater werde
genug thun wollen, als auf poetischem Wege, und daß er
sich nie eine Wirkung nach außen, wie sie auch wohl einem
gemeinen Talente und einer bloßen Geschicklichkeit gelingt,
zum Ziele machen werde, noch auch könne. Die zwei
nächsten Stücke nach dem Wallenstein, *Maria Stuart* (1799)
und die *Jungfrau von Orleans* (1801), verrathen in vielfachen
Anklängen das Studium der Alten, sie waren bühnengerechter und regelmäßiger gerathen, und man konnte ihnen nicht
die vielfachen Kompositionsfehler vorwerfen, wie es bei
Carlos und Wallenstein geschehen war. Sie haben dadurch
nicht eben den größeren Werth erhalten. [. . .] Die Jungfrau
ruht ganz auf den romantischen Neigungen dieser Jahre und
hat sie genährt, indem sie sie zügeln wollte; sie adelte
gleichsam die Ritterstücke, und lehrte die jungen Schulen,
die das romantische Schauspiel Shakespeare'n nachahmen
wollten, wie sie einen Stoff, den sie handhaben möchten,
beherrschen, nicht sich in ihm verlieren müßten. Die halb
somnambule Heldin war freilich eine leidige Aufgabe; aber
was hier Phantastisches der Person anklebte, schien gleichsam vergütet werden zu sollen durch den höchst verständigen Bau des Stückes, dessen Anlage und innere Entwickelung vielleicht schwieriger als bei irgend einem anderen

schiller'schen Drama war, und wohl besser als in jedem anderen gerathen ist.«

Georg Gottfried Gervinus: Geschichte der Deutschen Dichtung. Bd. 5. Hrsg. von Karl Bartsch. Leipzig: Engelmann, ⁵1874. S. 624 f.

Der Dramatiker FRIEDRICH HEBBEL (1813–63) hat sich mit keinem Drama Schillers so intensiv auseinandergesetzt wie mit der »Jungfrau von Orleans«. In seiner Kritik des Briefwechsels zwischen Schiller und Körner, der 1847 erschienen war, gelangt er 1848–49 zu einem insgesamt negativen Urteil vom Standpunkt einer psychologisch motivierenden Dramaturgie:

»Jetzt gerät Schiller über die Geschichte der Jungfrau von Orleans und begeistert sich für sie. Mir ist es immer unerklärlich gewesen, wie er sich diesem Gegenstand gewachsen glauben konnte. Daß der Vorwurf zu einem Drama vorlag, wird niemand bestreiten wollen; daß dies Drama aber durchaus ein psychologisches werden mußte und daß es eben darum über Schillers Kreis hinausging, läßt sich ebensowenig verkennen. Johanna durfte unter keiner Bedingung über sich selbst reflektieren, sie mußte, wie eine Nachtwandlerin, mit geschlossenen Augen in den Abgrund stürzen, der sich zuletzt unter ihr öffnet. Die Naivetät, die den inneren Bruch gar nicht zuläßt und die das französische Mädchen, wie wir aus den Acten ihres Prozesses ersehen, bis in die Flammen hineinbegleitete, war unerläßlich, und Schiller mußte selbst wissen, daß er diese nicht einzuhauchen vermochte. Seine Heldin schwebt denn nun durchaus in der Luft, ihr Tun und Gebaren setzt eine Naivetät voraus, die ihr fehlt, und sie macht den Eindruck eines Apfelbaums, der mit Weintrauben behängt ist, auf dem aber keine Weintrauben wachsen.«

Zit. nach: NA IX, 449 f.

BERTHOLD AUERBACH (1812–82) sieht Johannas Tragik darin, daß es ihr unmöglich sei, nach ihren kriegerischen

Taten in die friedliche Welt zurückzukehren, aus der sie
hervorgegangen:

»Wir müßten das Mädchen auf der frühern Stelle, von wo sie
ausging, wieder sehen und dort, mit ihrer gewohnten Welt
zerfallen und von ihr verhöhnt oder dergleichen und innerlich zerrissen, müßte sie untergehen. Aber das geht nicht.
Dieses Ausklingen *eines* Tones ist undramatisch, und Schiller griff zum Opernhaften, Viertelsmotivierten. Die Groß-
heit seiner Intentionen deckte nur seine Fehler zu.«

Zit. nach: NA IX,448.

Zu einem rigorosen Verdikt gelangt auch Otto Ludwig
(1813–65):

»Da habe ich neulich wieder die ›*Jungfrau von Orleans*‹
gelesen, ja das ist prachtvoll! welche Gedanken, welche
Sprache! Aber vom dramatischen Standpunkt, wie verfehlt
ist da alles! Nehmen Sie nur einmal an: Wenn wir auch
zugeben könnten, daß der Himmel so stark mitspielen dürfe
im Drama, wo wir nur mit den Menschen zu tun haben
sollten, sehen wir dennoch zu, was da für verrücktes Zeug
vorgeht. Also der Grundgedanke ist, die heilige Junfrau will
den Franzosen helfen. Schon dies Eingreifen der himmlischen Jungfrau begreift man nicht, wenn man nicht weiß,
daß Schiller sich damals leidenschaftlich mit Homer beschäftigte und nun gleich der dortigen Minerva oder Venus die
heilige Jungfrau einführte; so ist die Scene mit dem Montgomery gänzlich homerisch. Nun sollte man denken, wird die
Jungfrau ihr Werk vollbringen, indem sie einen Feldherrn
begeistert oder Schrecken in die Feinde bringt – nein, sie
nimmt das Mädel von den Schafen weg und stellt ihr die
alberne Proposition, sie dürfe sich nicht verlieben. Ja, steht
denn das in eines Menschen Gewalt und Willen und gehört
das zu einer solchen Tat? Wird sich denn die Himmlische
gerade ein so gebrechlich Werkzeug wählen? Aber weiter.
Die ganz unverständliche Szene im vierten Akte, nachdem
sie die wundervolle Opernarie gesungen: ›Die Waffen ruhn,

des Krieges Stürme schweigen‹ – bringt eine Schuld auf das
Mädchen, und man weiß nicht, woher sie kommt. Soll das
eine *Schuld* sein, daß sie sich verliebt? was hatte denn die
ganze Proposition mit dem Vorhaben der heiligen Jungfrau
gemein, die Franzosen zu retten? Das Ding ist römisch-
katholisch, aber nicht menschlich, nicht dramatisch.«

Zit. nach: NA IX,448 f.

Am 29. Mai 1870 berichtet Cosima Wagner (1837–1930) in
ihrem Tagebuch von der mit Richard Wagner gemeinsam
betriebenen Lektüre des Dramas:

»– Wir beginnen die ›Jungfrau von Orleans‹; am Schluß des
Prologs sagt R.: ›Ja, das drängt alles zur Musik, das will aber
nicht etwa sagen, daß das Kunstwerk hier verfehlt sei.‹ Wie
ich ihm sage, daß einzig der Vater Arc mich ein wenig
verletze, ich diesen lieber in Shakespear'scher Art behandelt
wissen möchte, sagt R.: ›Daran nur nicht denken, Sh. ist ein
Naturgenie, Schiller ein Kunstgenie; er und Goethe wollten
der deutschen Sprache das ideale Pathos abringen und die
deutsche Bühne von der gemeinen Realistik befreien.‹ Wie
wir mit Tränen den ersten Akt beschließen, sagt R.: ›Wie
Goethe uns durch seine Objektivität rührt, so rührt uns
Schiller durch seine Subjektivität.‹«

Am 2. Juni notiert sie den Abschluß der Lektüre:
»Abends Schluß der ›Jungfrau von O.‹ Wir hatten vorher
mit R. die Episode mit Lionel eigentlich als eine Schwäche
des Werkes besprochen, nun waren wir ganz erstaunt und
voller Bewunderung dafür. ›Keine sinnliche Liebe ist es, die
Johanna überkommt, sondern ihr schrecklich heiliger Beruf
ist gebrochen, das ist alles sehr gut motiviert durch die
vorangehenden Scenen, wo die Helden um sie werben, und
das ganze Hofleben. Es ist aber dieser Zug so zart und tief,
daß die meisten ihn gar nicht nachfühlen können. Es lebt für
sie nicht.‹«

Cosima Wagner: Die Tagebücher. Bd. 1: 1869 bis
1877. München/Zürich: Piper, 1976. S. 236 f., 239.

THEODOR FONTANE (1819–98) besprach in der Berliner
»Vossischen Zeitung« das Debut der Schauspielerin Anna
Haverland vom 1. Juni 1878. Die Rezension macht den
historischen Abstand der als Realismus bezeichneten Epo-
che von der Klassik und Romantik deutlich:

»Der romantische Ton, um den es sich handelt, ist etwas von
innen heraus Geborenes, und es hat ihn nur der, der an diese
Dinge glaubt. Fräulein Haverland aber glaubt nicht daran,
und dieses Mangels sich bewußt, suchte sie das Fehlende
durch eine gewisse Naturkindeinfalt zu decken. Sie geriet
aber bei dieser Gelegenheit aus der Szylla in die Charybdis,
denn wenn es etwas gibt, was ihrer Natur beinah noch
fremder ist als die Romantik, so ist es die *Naivetät*. Sie hat
nichts davon, und der Versuch, den entsprechenden Ton zu
treffen, kam über das ›Schnippische‹ nicht hinaus. Es hätte
verdrießlich gewirkt, wenn es nicht komisch gewesen wäre;
die Heldenprophetin von Domremy, die reinste, rührendste
und großartigste Erscheinung der christlichen Zeitrechnung,
gestaltete sich zu einem weiblichen Fanfaron, zu einem
kurzröckigen *Naseweis*. Ein Berliner Fräulein, das Bäuerin
spielt! Vom dritten Akt an wurd' es etwas besser, aber nicht
viel. Nur alles, was Aktion oder Stellung war, so beispiels-
weise die Szene mit Lionel, glückte verhältnismäßig gut;
hier zeigte sich's, daß die Darstellerin das Technische ihrer
Kunst durchaus beherrscht. Das Sprachliche dagegen blieb
schwach bis zuletzt. Sie hat nichts von dem, was die Rolle
recht eigentlich erheischt; sie hat Schule, Schärfe, Verstand,
aber die ›Jungfrau‹ ist auf das Herz gestellt. Wer *das* mit-
bringt, der siegt; auch ohne Kunst. Wäre Jeanne d'Arc *so*
gewesen, wie sie sich am Sonnabend uns darstellte, so hätte
der anklagende Bischof von Beauvais (wenn ich nicht irre),
der bezeichnenderweise den Namen ›Cochon‹ führte, mit
seiner Anklage recht behalten, und keine weiße Taube, wie
die Legende so schön erzählt, wäre aus den Flammen des
Scheiterhaufens himmelan gestiegen.
Die ganze Aufführung war wie das ›Debüt‹; aus allem

gähnte einem jene tiefe Prosa entgegen, die nicht nur das Schöne abschwächt, sondern es verzerrt. Im ganzen schien das Publikum ebenso zu empfinden; der Beifall war außerordentlich matt. Eine zündende Wirkung hatten nur die Worte Dunois' im fünften Akt: ›Zu den Waffen! Auf! Schlagt Lärmen.‹ *Das* war der rechte Ton. Es geht eben nicht ohne all und jede Begeisterung. Selbst ein falscher Enthusiasmus wie der des Herrn *Urban* als Lionel ist, wenn er sich nur ehrlich gibt, immer noch besser als gar keiner.

Das Gelungenste des Abends war die Schlußszene des vierten Akts. Hier spielte nicht nur Fräulein Haverland am besten (*stummes* Spiel), auch Herr *Oberländer*, in der Rolle des alten Thibaut d'Arc, war recht gut. Freilich klingt es in seinem Spiel immer mehr oder weniger humoristisch an, aber Mühlbrunnen und Sprudel, ursprünglich ziemlich dasselbe, wirken doch schließlich sehr verschieden durch ihren verschiedenen Temperaturgrad und durch die größere oder geringere Tiefe, aus der sie stammen.

Außer dieser Schlußszene des vierten Akts, die noch durch ihre dramatische Gewalt wieder ergriff, hatt' ich auch an dem unmittelbar voraufgehenden, oft besprochenen ›Krönungszug‹ meine herzliche Freude. Es ist nicht die bloße Schaulust, das Wohlgefallen an buntem Aufputz und stilvoll arrangiertem Festgepränge, was hier mitspielt und wie den Sinn so auch das Urteil gefangennimmt, nein, ein anderes ist es: nur *hier* hatte ich die poetische Illusion, und nur hier glaubt' ich an ein befreites Frankreich, an Karl VII. und seine Paladine. Vorher, durch volle drei Akte hin, hatt' ich nur an Herrn Goritz geglaubt und noch mehr an Herrn Schwing. Alles tot; Rüstungen, in denen Gespenster stekken, und das kaum; hergesagte Rollen, denen gegenüber jeder das Gefühl hat, es daheim an seinem Teetisch besser, innerlicher und eindringlicher machen zu können. Vor siebzig Jahren haben diese wundervollen Verse die Herzen unseres Volkes hingerissen, jetzt sind sie wie Herbstwind, der über Stoppeln fährt. Keine Halme beugen sich mehr elegisch ihrem Wohllaut. Die Romantik ist hin. Für unser

aller Herzen vielleicht, aber am sichersten in den Herzen
unserer Schauspieler.«

Theodor Fontane: Sämtliche Werke. Bd. XXII,1.
Hrsg. von Edgar Gross. München: Nymphenbur-
ger Verlagshandlung, 1964. S. 691–693.

WILHELM SCHERER (1841–86), dessen »Geschichte der
Deutschen Litteratur« (1883) als Programmschrift eines am
methodischen Ideal der exakten Naturwissenschaften orien-
tierten Verständnisses geisteswissenschaftlicher Forschung
gelten darf und bis 1927 16 Auflagen erreichte, macht deutlich, daß sich dieses Ideal nicht realisieren läßt: die scheinbar ›objektive‹ Darstellung formuliert immer wieder Wert-
urteile:

»Mit derselben Toleranz, wie in der ›Maria Stuart‹, wählte
Schiller in der ›Jungfrau von Orleans‹ abermals eine katholi-
sche Heldin, eine Wundergestalt des Mittelalters, aber eine
Vertreterin der idealen Weiblichkeit, eine Kämpferin für
eine gute Sache, geheiligt durch die Weihe der Religion und
durch die Weihe der Natur. Schiller nimmt mit seinem
ganzen Herzen für sie Partei. Das Naive, das er theoretisch
so hoch stellte, das will er hier verkörpern, aber zugleich
auch wieder: das Loos des Schönen auf der Erde! Irdische
Liebe zieht sie hernieder. ›Zwischen Sinnenglück und See-
lenfrieden bleibt dem Menschen nur die bange Wahl.‹ Ihr
Seelenfriede ist zerstört, sobald die Neigung zu einem
Manne in ihr Herz dringt.
Sie ist keine Amazone von heroischer Gebärde und männlicher Gesinnung. Schiller hat sie als eine rührende Gestalt
gedacht mit einer Kinderphantasie und Kinderrede, und der
heilige kindliche Glaube macht sie groß. Sie stammt aus der
idyllischen Hirtenregion, wo die Poesie einkehrt und das
Schöne wohnt. In ihr vereinigt sich Engel und Kind, ›der
Menschheit Vollendung und Wiege‹. Sobald sie aufhört
Kind zu sein, sowie sich das Weib in ihr regt, ist der Zauber
gebrochen. Sie ist elementar, unbewußt, unberechnet in
ihrem Thun. Dem Zuschauer wird in Bezug auf sie wirkli-

cher Wunderglaube zugemuthet, und die ›dritte Welt‹ ragt in
das Stück fast so stark und körperlich wie in Goethes ›Faust‹
herein. Die Göttlichkeit des Schönen wird uns gleichsam
handgreiflich demonstrirt. Johanna weiß Verborgenes; sie
kennt öffentliche Verhältnisse, die ihr niemand mittheilte;
sie ist Prophetin und durch ihr Erscheinen werden Prophezeiungen erfüllt. Ein abgeschiedener Geist kommt, um sie
zu warnen; und gleich darauf tritt die Versuchung an sie
heran: den Feind, den sie tödten soll, den muß sie lieben;
Zwiespalt zerreißt ihr Herz; sie fühlt sich schuldig; sie hälts
im Dom nicht aus, wie Fausts Gretchen, die Orgel tönt ihr
dem Donner gleich, die Gewölbe drängen sie; sie sucht die
freie Luft; sie nimmt die Anklage, die sie verdammt, schweigend als eine Prüfung des Himmels hin; verlassen, verbannt,
ausgestoßen, umherirrend Tage lang, Nächte lang in den
Schrecken des Sturmes und der Öde findet sie den Frieden
wieder; die Gefangenschaft ist ihr willkommen; einer neuen
Versuchung, die sie fürchtet, unterliegt sie nicht; der Mann,
der ihr Herz bewegte, ist ihr nur noch der Feind ihres
Volkes. Da kehrt die Heldenkraft wieder, ein neues Wunder
kommt ihr zu Hilfe, die schweren Ketten fallen von ihr ab,
sie befreit den König, siegt und fällt, und die Pforten des
Himmels thun sich vor ihr auf. ›Die hier gedienet, ist dort
oben groß.‹

Wie Schiller einst im Gedichte den Herakles als ein Symbol
gebrauchte, um Diesseits und Jenseits, Erde und Himmel,
Leben und Ideal zu contrastiren, so nahm er jetzt das
Mädchen von Orleans. Aber das Ringen des starken Mannes
gelingt ihm besser als die Unschuld des Kindes. Er war der
Aufgabe, die er sich hier stellte, nicht ganz mächtig. Sein
Herzog von Burgund ist zwar von Johannas Rede gerührt
und findet sie kindlich; aber wir finden es nicht mit ihm.
Den Zauber der Natur weiß Schiller nicht auszudrücken; an
dieser Klippe scheitert der sentimentalische Dichter. Für die
fehlende Naivetät muß declamatorische Lyrik eintreten.
Schon das Vorspiel hat etwas Opernhaftes. Johanna trägt
mehrfach Arien, lyrische Declamationsstücke vor, die sich

wiederholt sogar äußerlich in gereimte Strophen gliedern.
Schiller war in der That der Oper nicht abgeneigt, da man
ihr die servile Nachahmung der Natur erlasse, da man in ihr
das Wunderbare dulde und da die Musik selbst in das Pathos
ein freieres Spiel, in das Gemüth eine schönere Empfäng-
lichkeit bringe.
Johanna bildet mit dem König und Agnes Sorel eine lyrische
Gruppe. Auch der König spricht in Reimen, ein Hauch der
Troubadour-Herrlichkeit umschwebt ihn. Die Ritter aber,
die ihn umgeben, und ebenso die Ritter, die ihn bekämpfen,
sind einförmig: tapfere und ehrliebende Helden, aber nur
äußerlich gegliedert, hier Franzosen, dort Engländer, in der
Mitte Burgund, der von diesen zu jenen übergeht. In der
englischen wie in der französischen Gruppe unterscheidet
man wieder solche, die für die Jungfrau, und solche, die
gegen die Jungfrau stehen. In die französische Gruppe wird
der Zweifel erst allmählich eingeführt; in die englische
Gruppe wird die Liebe erst allmählich eingeführt. Das Böse
ist nur durch Isabeau vertreten, und wir sehen sie ihrem
schlechten Rufe gemäß handeln. Die unversöhnliche Gegne-
rin der Jungfrau bethätigt sich zugleich als der sittliche
Gegenpol des Edlen und Schönen. Contrastfiguren anderer
Art sind Talbot, der englische Feldherr, und Thibaut, Johannas Vater: jener ungläubig, ganz am Diesseits haftend,
dieser ein Realist, der in schweren Zeiten den Seinigen
einschärft: ›Sorge jeder nur fürs Nächste!‹ Ein Mann, der
nicht das Göttliche auf Erden mächtig glaubt, der nur die
Dämonen fürchtet, seine Tochter warnt und sie mit Höllen-
werk beschäftigt glaubt. Sie aber wandelt wie ein Genius der
Freiheit durch das Stück. Sie vermag, was Goethes Clärchen
möchte. Ihr Volk ruft sie auf gegen den Eindringling und die
Heere, die sie führt, sind siegreich. Auch ihr steht ein
Brackenburg zur Seite, Raimond, der ihr unbedingt ergeben
bleibt und sie nicht verläßt, da alle fliehen.«

Wilhelm Scherer: Geschichte der Deutschen Litteratur. Berlin: Weidmann, ⁶1891. S. 601–603.

Es ist ganz im Sinne des geisteswissenschaftlichen Positivismus, daß ein Autor im Jahre 1896 eine an entwicklungspsychologischen Gesichtspunkten orientierte Behandlung im Schulunterricht fordert, um dadurch für die Lektüre zu motivieren:

»Erst wenn man den Grundgedanken der Entwickelung des seelischen Prozesses zum Ausgangspunkt nimmt, gelangt man zur wirklichen Erkenntnis des großartig durchgeführten künstlerischen Aufbaues des Dramas. Es zeigt sich dann die Gliederung in die drei großen Massen, die Entwickelung der Demut zum Hochmut, die Entziehung der Gnade der Jungfrau Maria, die Demütigung der Johanna. Damit aber diese Demütigung eintrete, genügt das einfache Entziehen der Gnade der Maria nicht: die erzürnte Himmelskönigin straft auch positiv, erst durch das Zulassen des höllischen Geistes in der Gestalt des schwarzen Ritters, und wie dieses Mittel erfolglos bleibt, trotzdem es schon durch das Schweigen des Prophetengeistes in ihr sehr kräftig wirken mußte, durch die Erweckung der sinnlichen Leidenschaft. Jetzt endlich kommt Johanna zur Besinnung. Naturgemäß sieht sie ihre Verschuldung in dem Zunächstliegenden und hält zuerst fälschlich eben diese sinnliche Leidenschaft für die Verschuldung selbst; erst allmählich kommt sie zu der wahren Erkenntnis ihrer Verschuldung, die in ihrer eitlen Überhebung liegt: damit beginnt der Entschluß zur Buße, die darin gipfelt, daß sie mit Unterdrückung alles persönlichen Willens ein blindes Werkzeug in der Hand der Gottheit wird: (›Verdient’ ich’s, die Gesendete zu sein, Wenn ich nicht blind des Meisters Willen ehrte?‹ V, 4.) Was sie nicht durch ihre Natur gewesen ist, das wird sie durch einen sittlichen Prozeß, so daß sie am Ende ihrer Laufbahn sittlich weit höher steht, als wenn sie von Anfang an durch ihre Natur ein solches blindes Werkzeug hätte sein können. Die Prüfungen, ob diese so erkämpfte Gesinnung eine echte ist, bleiben nicht aus. Ihre Steigerung bis zur klaren Darlegung, daß sie auch das in der sinnlichen Leidenschaft hervorgebro-

chene persönliche Wollen überwunden hat, zeigt wieder
Schiller als den genialen Führer einer dramatischen Entwik-
kelung. Diese letzte Prüfung hat die Wiedererlangung der
Gnade Marias zur Folge, die sich darin äußert, daß, nachdem Johanna die Rettung des Königs und dadurch die
Erhaltung der in Rheims erreichten Krönung vollbracht hat,
sie in den Himmel aufgenommen und den irdischen Kämpfen entrückt wird.

Gelingt es dem Lehrer bei der Behandlung dieses Dramas in
der Klasse dem Schüler das Bewußtsein eines solchen Aufbaues eines dichterischen Kunstwerkes zu geben, so wird
damit nicht nur der Dichter in dem Wesen seines künstlerischen Schaffens zur Wertschätzung gebracht – es gewinnt
vor allem der Schüler die Einsicht in einen Organismus,
dessen Gliederung durchsichtig ist und für dessen Gestaltung die Gründe erkennbar und greifbar sind. Das Kunstwerk ist eben ein Mikrokosmos, der auf dem Boden des
menschlichen Geistes geschaffen ist und eben darum von
diesem nach seiner künstlerischen Seite hin auch wieder
erfaßt werden kann. Hierin liegt aber ein pädagogischer
Vorzug des Kunstwerkes vor dem Naturwerk, bei dem zwar
die mechanischen Seiten gleichfalls klargelegt werden können, bei dem aber das Warum und das Wozu sich in einen
Schleier hüllen, den zu heben dem Menschen nicht vergönnt
worden ist.«

> Veit Valentin: Die Behandlung von Schillers
> »Jungfrau von Orleans« in Wissenschaft und Schu-
> le. In: Zeitschrift für den Deutschen Unterricht 10
> (1896) S. 689 f.

Kennzeichnend für Vorurteile und Überzeugungen der Wil-
helminischen Ära ist die Analyse, die Ludwig Bellermann
(1836–1915) 1898 dem Drama widmet:

»Das äußere Ziel der Handlung ist die Niederwerfung Englands, die Befreiung des Vaterlandes, die bereits im Prolog
klar vor unsern Augen steht, durch alle Akte verfolgt wird
und am Schluß des Ganzen erreicht ist. Das tragische Ziel ist

derjenige Vorgang in Johannas Seele, durch den sie eine Schuld auf sich ladet, welche *für sie* ein Weitergehen auf ihrer bisherigen Bahn unmöglich macht. [...] Eine Seele, die ganz von einem Gedanken erfüllt ist, stößt notwendig alles andere von sich aus wie einen fremden widerstrebenden Stoff: nur ein in sich einiger, geschlossener Charakter kann das Große, das Göttliche vollbringen. Sie kann unmöglich zugleich die Kriegerin des höchsten Gottes sein, also Kraft und Geist vom Wirbel bis zur Zehe, und zugleich liebendes Weib, also schwach und hingebend. Dies ist ein Widerspruch, und wir sehen abermals, daß dasjenige, was als Forderung einer überirdischen Macht auftritt, doch nichts anderes ist als die innere Notwendigkeit der menschlichen Empfindung, daß also auch hiermit der Dichter nicht einen Schritt vom Wege der natürlichen Seelenentwicklung sich entfernt. Will er demnach seine Heldin wieder an die weibliche Natur knüpfen, so schließt dies notwendig eine Verletzung ihrer göttlichen Sendung ein, und hierin liegt der Konflikt, den das Drama vorführt. [...] Und solch ein Abfall von dem früheren Vorsatz wird uns in der Dichtung ebensowenig wie im Leben als unnatürlich oder charakterlos erscheinen, sofern nur in der betreffenden Persönlichkeit diejenigen *allgemeinen* Eigenschaften nicht fehlen, die uns überhaupt an eine Liebe glauben lassen; der vorher ausgesprochene bewußte *Wille* kann bei einer Leidenschaft offenbar wenig ins Gewicht fallen, die eben das Gemüt seines Willens beraubt. Denn die Liebe des Weibes ist die völlige Hingabe seines Gemütes an den geliebten Mann. Ein Weib, das wahrhaft liebt, ordnet sich in demselben Augenblicke dem Manne unbedingt und schrankenlos unter und will und fühlt nichts anderes als das Glück, sich ihm hingeben zu können; die Fähigkeit dazu ist die notwendige Voraussetzung für die Entstehung einer wahren Liebe. Wollte uns also der Dichter ein weibliches Herz zeigen, das wir diesem Gefühl für unzugänglich halten sollten, so mußte er ihr Eigenschaften leihen, die damit unvereinbar sind. Dies wäre entweder kalte Herzlosigkeit und Selbstsucht, etwa wie in

der Königin Elisabeth, bei der jene Hingabe des Gemütes,
die sich selbst vergißt in dem Geliebten, ein unausgleich-
barer Widerspruch, ein ›psychologisches Paradoxon‹ sein
würde. Daß dies hier unmöglich war, ist klar. Oder er
mußte sie so amazonenhaft, von so ganz männlichem Geiste
zeichnen, daß wir ihr das Gefühl freiwilliger, beseligter
Unterordnung einem Manne gegenüber nicht zutrauen
konnten.«

Ludwig Bellermann: Schillers Dramen. Beiträge zu
ihrem Verständnis. T. 2. Berlin: Weidmann, ²1898.
S. 249, 259, 260 f.

Julius Petersen (1878–1941) nimmt im sechsten Band der
ab 1904 erscheinenden Säkular-Ausgabe Stellung zur Frage
von Johannas Schuld und erörtert im Anschluß daran einige
Stränge der Wirkungsgeschichte:

»Die irdische Liebe, durch die Johanna ihrer Aufgabe untreu
wird, ist eine Notwendigkeit, der die Handlung seit der
Verkündigung des unerfüllbaren Gebotes entgegentreibt;
aber man tut Unrecht, in einer vorausgehenden Verweltli-
chung Johannas die Disposition zu ihrem Falle zu suchen:
gerade in dem Mangel an psychologischer Motivierung liegt
nicht die Schwäche, sondern die Macht des Motives, durch
die der unbegreifliche Umschwung als etwas Übernatürli-
ches den andern Wundern des Stückes an die Seite tritt.
Sobald wir freilich die Notwendigkeit erkennen, sträubt sich
unser Gefühl, die Heldin selbst für diese Wendung verantwortlich zu machen, und wir empfinden die von außen in
den Stoff hineingetragene antikisierende Schicksalsidee als
etwas grausam Peinigendes. Und das um so mehr, als wir
uns nicht bereits bei Beginn der Handlung mit dem Gesche-
henen abfinden, sondern das Unabwendbare vor unseren
Augen sich entwickeln sehen. Nicht von einer Schuld der
Heldin kann die Rede sein, sondern nur von einer Prüfung.
Wie Johanna aus dem ihr aufgezwungenen Kampf zwischen
Pflicht und Neigung siegreich hervorgeht, das ist das Thema
der beiden letzten Akte, die ein eigenes Drama in sich

darstellen, eine Läuterungstragödie wie ›Ödipus auf Kolonos‹, wie ›Maria Stuart‹.

Die Schuld, die keine tragische Schuld ist, fassen wir mit einem zwiespältigen Empfinden auf; die Darstellung kann darüber hinwegtragen, und Schillers Dichtung bewährt sich in diesem Punkte als ein auf die Bühne berechnetes Stück. Auch die Hingabe an die poetische Gestalt, an den fortreißenden Schwung der Gedanken und der Sprache läßt die Bedenken kaum aufkommen, und so ist zu verstehen, daß die Freunde des Dichters, Goethe, Körner, Cotta, als sie das Stück lasen, hier das Höchste sahen, was er bisher geschaffen. Aber bald setzte auch eine analysierende Kritik ein, die dieses effektvollste Stück Schillers an tragischem Gehalt tief unter alle anderen Werke der Reifezeit stellte. So erfuhr in den widersprechenden Superlativen der Beurteilung die Dichtung ein ähnliches Los wie die geschichtliche Figur der Heldin.

Die Romantik konnte den Dichter auf dieses Werk hin nicht als den Ihrigen anerkennen. Es ist bezeichnend, daß zunächst eine Reihe von Prosadarstellungen des historischen Stoffes, die Arbeiten von Fr. Schlegel, Guido Görres, Fouqué, auf denen später noch Hebbels Aufsatz beruht, aus ihrem Kreise hervorgingen. In der Geschichte mußte sie das Visionäre, das rätselhafte Dunkel des Mittelalters anziehen, während bei Schiller nach Jean Pauls Wort in das romantische Dämmerlicht des Bühnenraumes oft wie durch eine offene Tür der Tagesschein der Reflexion eindringt. Eine Auffassung vom historischen Drama vollends, wie sie von Tieck und Solger vertreten wurde, wonach der Dichter sich als Genius der Geschichte fühlen und gerade durch die geschichtliche Wahrheit poetisch wirken sollte, konnte der ›Jungfrau von Orleans‹ am wenigsten von allen Dichtungen Schillers gerecht werden. Ein Modell dieser Theorie erstand in Fr. G. Wetzels ›Jeanne d'Arc‹ (1817), und es fehlte wirklich später nicht an Stimmen, die diesem formlosen Werk den Vorzug gaben.

So wenig Schillers Dichtung als romantische Tragödie

Anklang finden konnte, so wenig bürgerte sie sich als Darstellung der Nationalheldin in Frankreich ein. Andere Stücke, die ›Räuber‹, ›Don Carlos‹, ›Maria Stuart‹, ›Tell‹, feierten auf dem Pariser Theater große Erfolge, während die ›Jungfrau von Orleans‹, die mehrfach übersetzt wurde, dem französischen Geschmack bis heute fremd blieb. Schiller hatte seine Dichtung auch nicht, wie später den ›Tell‹, auf die Heimat des Stoffes berechnet, und so ist es nur eine ganz leise Ironie, daß die politische Wirkung des Stückes schließlich *gegen* Frankreich zur Geltung kam: als in den Befreiungskriegen die Größe der Gesinnung, an der Schiller fast verzweifeln mußte, endlich hervorbrach, da fanden die zündenden Mahnrufe an die Ehre der Nation in deutschen Herzen einen machtvollen Widerhall.«

Säkular-Ausg. Bd. 6. S. XXVIII–XXX.

Eine Satire auf Wilhelminische Literaturpädagogik schreibt HEINRICH MANN (1871–1950) in seinem Roman »Professor Unrat oder Das Ende eines Tyrannen« (1905):

»›Angst, hier haben Sie das Thema, schreiben Sie es an die Tafel.‹
Der Primus nahm den Zettel vor seine kurzsichtigen Augen und machte sich langsam ans Schreiben. Alle sahen mit Spannung unter der Kreide die Buchstaben entstehn, von denen so viel abhing. Wenn es nun eine Szene betraf, die man zufällig nie ›präpariert‹ hatte, dann hatte man ›keinen Dunst‹ und ›saß drin‹. Aus Aberglauben sagte man, noch bevor die Silben an der Tafel einen Sinn annahmen:
›O Gott, ich fall rein.‹
Schließlich stand dort oben zu lesen:
›Johanna: Es waren drei Gebete, die du tatst;
　　　　　Gib wohl acht, Dauphin, ob ich sie dir nenne!‹
　　　　　(›Jungfrau von Orleans‹, I. Aufzug. 10. Auftritt.)
　　　　　›Thema: Das dritte Gebet des Dauphins.‹
Als sie dies gelesen hatten, sahen alle einander an. Denn alle

›saßen drin‹. Unrat hatte sie ›hineingelegt‹. Er ließ sich mit einem schiefen Lächeln im Lehnstuhl auf dem Katheder nieder und blätterte in seinem Notizbuch.

›Nun?‹ fragte er, ohne aufzusehn, als sei alles klar, ›wollen Sie noch was wissen? . . . Also los!‹

Die meisten knickten über ihrem Heft zusammen und taten, als schrieben sie schon. Einige starrten entgeistert vor sich hin.

›Sie haben noch fünfviertel Stunden‹, bemerkte Unrat gleichmütig, während er innerlich jubelte. Dieses Aufsatz-thema hatte noch keiner gefunden von den unbegreiflich gewissenlosen Schulmännern, die durch gedruckte Leitfäden es der Bande ermöglichten, mühelos und auf Eselsbrücken die Analyse jeder beliebigen Dramenszene herzustellen.

Manche in der Klasse erinnerten sich des zehnten Auftritts im ersten Aufzug und kannten beiläufig die zwei ersten Gebete Karls. Vom dritten wußten sie nichts mehr, es war, als hätten sie es nie gelesen. Der Primus und noch zwei oder drei, darunter Lohmann, waren sogar sicher, sie hätten es nie gelesen. Der Dauphin ließ sich ja von der Prophetin nur zwei seiner nächtlichen Bitten wiederholen; das genügte ihm, um an Johannas Gottgesandtheit zu glauben. Das dritte stand schlechterdings nicht da. Dann stand es gewiß an einer andern Stelle oder ergab sich irgendwo mittelbar aus dem Zusammenhang; oder es ging gar ohne weiteres in Erfül-lung, ohne daß man wissen konnte, hier ging etwas in Erfüllung? Daß es einen Punkt geben konnte, wo er niemals aufgemerkt hatte, das gab auch der Primus Angst im stillen zu. Auf alle Fälle mußte über dieses dritte Gebet, ja selbst über ein viertes und fünftes, wenn Unrat es verlangt hätte, irgend etwas zu sagen sein. Über Gegenstände, von deren Vorhandensein man nichts weniger als überzeugt war, etwa über die Pflichttreue, den Segen der Schule und die Liebe zum Waffendienst, eine gewisse Anzahl Seiten mit Phrasen zu bedecken, dazu war man durch den deutschen Aufsatz seit Jahren erzogen. Das Thema ging einen nichts an; aber man schrieb. Die Dichtung, der es entstammte, war einem,

da sie schon seit Monaten dazu diente, einen ›hineinzule-
gen‹, auf das gründlichste verleidet; aber man schrieb mit
Schwung.

Mit der ›Jungfrau von Orleans‹ beschäftigte die Klasse sich
seit Ostern, seit dreiviertel Jahren. Den Sitzengebliebenen
war sie sogar schon aus dem Vorjahr geläufig. Man hatte sie
vor- und rückwärts gelesen, Szenen auswendig gelernt,
geschichtliche Erläuterungen geliefert, Poetik an ihr getrieben und Grammatik, ihre Verse in Prosa übertragen und die
Prosa zurück in Verse. Für alle, die beim ersten Lesen
Schmelz und Schimmer auf diesen Versen gespürt hatten,
waren sie längst erblindet. Man unterschied in der verstimm-
ten Leier, die täglich wieder einsetzte, keine Melodie mehr.
Niemand vernahm die eigen weiße Mädchenstimme, in der
geisterhafte, strenge Schwerter sich erheben, der Panzer kein
Herz mehr deckt und Engelflügel, weit ausgebreitet, licht
und grausam dastehn. Wer von diesen jungen Leuten später
einmal unter der fast schwülen Unschuld jener Hirtin gezit-
tert hätte, wer den Triumph der Schwäche in ihr geliebt
hätte, wer um die kindliche Hoheit, die vom Himmel verlassen, zu einem armen, hilflos verliebten kleinen Mädel
wird, je geweint hätte, der wird nun das alles nicht so bald
erleben. Zwanzig Jahre vielleicht wird er brauchen, bis
Johanna ihm wieder etwas anderes sein kann als eine stau-
bige Pedantin.«

Heinrich Mann: Professor Unrat oder Das Ende
eines Tyrannen. Düsseldorf: Claassen, 1976.
S. 11–13.

Im Jahre 1918 wurde die romantische Tragödie als Aufruf
zur Erhebung aus nationaler Erniedrigung verstanden;
Hans Lebede (1883–1945) kann feststellen: »Statistische
Angaben erweisen, daß die ›Jungfrau von Orleans‹ das meist-
gespielte aller Schillerschen Dramen ist«, und er schließt
seine Studie mit starken Worten:

»Und noch eins: nicht nur das dichterisch gestaltete Einzel-
schicksal spricht aus der Tragödie an; mehr noch wirkt der

vaterländische Ton, den der vorher so weltbürgerlich
Gesinnte hier voll erklingen läßt, wie nachmals im ›Tell‹.
Gleich dieser späteren Dichtung ist auch die ›Jungfrau von
Orleans‹ Weckruf zum Freiheitskampf eines Volkes gewe-
sen, das gleich den im hundertjährigen Kampf von den
Engländern unterdrückten Franzosen fremdes Joch abzu-
schütteln vermochte. Ihm galten des Dunois Worte von der
Nation, die nichtswürdig heißen müßte, wenn sie nicht alles
freudig an ihre Ehre setzte; sie empfand den Bastard von
Orleans mit jauchzender Zustimmung als Rufer zum Streit
gegen den Korsen: so wurde Friedrich Schiller zum Dichter
der Befreiungskriege.
Vergessen ist die Zeit, in der demokratische Gesinnung die
Meinung bezichte, daß sich das Volk für seinen König
opfern müsse. Wieder steht Deutschland im Kampfe um
Sein oder Nichtsein, wieder darf es sich fragen:

> ›Was ist unschuldig, heilig, menschlich gut,
> wenn es der Kampf nicht ist für's Vaterland?‹

In diesen Tagen mag an ein Wort Kürnbergers erinnert sein:
überzeugt, daß der Dichter sich im Herzen seines Volkes ein
monumentum aere perennius[2] errichtet habe, wollte er das
›Erz der Schillerdenkmäler mit wahrem Genuß im Zu-
kunftskriege zu Kanonen erlöst sehen und dann schon den
Feinden seine „Jungfrau von Orleans" gehörig vordeklamie-
ren‹. Der Augenblick ist da, in dem sein Wähnen Wahrheit
wird. Bringe dann auch jede Aufführung der ›Jungfrau von
Orleans‹ den Deutschen zum Bewußtsein, was ihr Heros
ihnen zuruft in der Stunde der Not und Gefahr, und gebe sie
ihnen die gleiche innere Erhebung, die sie vor mehr als
hundert Jahren heraufzubeschwören wußte.«

Hans Lebede: Zur Bühnengeschichte der »Jung-
frau von Orleans«. In: Der Zwinger 2 (1918)
S. 332 f.

---

2 »Exegi monumentum aere perennius« (Ich errichtete [mir] ein Denkmal,
dauerhafter als Erz). Beginn der 30. Ode des 3. Buches der »Carmina« von
Quintus Horatius Flaccus (65–8 v. Chr.).

Auf die Bedeutung der Musik für die »Jungfrau« weist HERMANN SCHNEIDER (1886–1961) hin:

»Weit weg aus dem Reich des Realismus führt aber ein anderes stilistisches Hilfsmittel, das Schiller hier noch aufgeboten hat: zum erstenmal läßt er die Musik eine starke Rolle in seinem Drama spielen.
An früheren Ansätzen fehlt es nicht. Wiederum wäre auf Thekla im ›Wallenstein‹ zu verweisen, der eine förmliche Arie zugewiesen ist (Schiller nennt den ›Eichwald‹ selbst so). Ehemals sollte ihr Kassandramonolog von noch stärkerer und ausdrucksvollerer Musik begleitet sein, und bei Maxens Auszug im 3. Akt des Tods fand sich die Notiz: ›Die Musik wird rauschend und geht in einen völligen Marsch über, indem auch das Orchester einfällt und durch den Zwischenakt fortsetzt.‹
Die Ausnützung des damals noch ständigen Orchesters bei Schauspielaufführungen wird in der Jungfrau weitergeführt. Viermal hat der Dichter die Musik herangezogen und nun wirklich gewünscht, daß eine kriegerische Musik im Zwischenakt die Verwandlungspause ausfülle. Das eigentlich Neue ist aber die Musik hinter der Szene, die Johannas Monolog im 4. Akt begleitet, und über deren Instrumentierung Schiller besondere Vorschriften gemacht hat. Das Publikum, schon an romantische Kunstvermischung etwas gewöhnt, scheint diese Bereicherung des Schauspiels begrüßt zu haben. [. . .] Das mochte Schiller zum Weitergehen ermuntern, trotz des feindlichen Ausfalles gegen die Opernhaftigkeit in der Vorrede zur Braut von Messina.«

Hermann Schneider: Vom Wallenstein zum Demetrius. Untersuchungen zur stilgeschichtlichen Stellung und Entwicklung von Schillers Drama. Stuttgart: Kohlhammer, 1933. S. 68 f.

Im Vorwort zum dritten Band der Schiller-Ausgabe des Insel-Verlages deutet REINHARD BUCHWALD (1884–1983) das Drama im Jahre 1940 als nationale Befreiungsdichtung:

»Weil das *Herz*, nicht der schöpferische Kunstverstand ihre poetische Gestalt erfunden hat, deshalb prophezeit er seiner Johanna die Unsterblichkeit.

Zugleich aber weist er nachdrücklich darauf hin, welche Tat es war, daß sich ein deutscher Dichter aus vollem Herzen gerade zu *dieser* Heldin bekannte. Voltaire hatte in seinem komischen Epos ›La Pucelle‹ vom Standpunkt des aufgeklärten Zweiflers vor allem zwei Hauptzüge der spätmittelalterlichen Legende satirisch behandelt: Johannas jungfräuliche Reinheit und ihre göttliche Sendung. Dieses frivol-zynische Werk war jahrzehntelang in der französisch gebildeten Gesellschaft so verbreitet, daß noch der Herzog Karl August von Weimar, als er zuerst von Schillers Dichtung erfuhr, es für unmöglich hielt, daß sich seine ernste Auffassung gegen jene eingebürgerten Vorstellungen durchsetzen könne. Namentlich von einer Aufführung befürchtete er geradezu einen Skandal. Auge in Auge also hat sich Schiller gerade in diesem Werke mit dem ›Geist‹ seiner Zeit gemessen, den er überwinden wollte, um durch diesen Sieg die Gesundung seines Volkes herbeizuführen. Für ihn war das Recht der Nation auf ihre Freiheit göttliches Recht, und göttlich auch der Geist, der den Menschen in der Stunde der höchsten Not über sich selbst erhebt zu heldischer Tat. Dies war die ›Wahrheit‹, die er in der alten Erzählung vom Mädchen von Orleans entdeckte. Die Hauptzüge der Handlung freilich mußte er frei erfinden, und namentlich scheute er sich nicht, an die Stelle des kläglichen Verrats durch den König und an Stelle des Ketzerprozesses, wovon die Geschichtsquellen berichten, den endgültigen Sieg und die Verklärung seiner Heldin zu setzen. Durch all das war er ein erster Rufer zu der großen Bewegung, durch die nach einem Jahrzehnt Deutschland seine Befreiung erlebte. Denn liest es sich nicht wie eine Erläuterung unseres Schauspiels, was im Jahre 1813 Ernst Moritz Arndt schrieb: ›Das ist die Gewalt des überschwenglichen Geistes, die Gewalt Gottes, die über den Menschen kommt, daß sie aus ihrem Selbst heraus und über sich selbst erhoben werden und dann nicht mehr fühlen, wer sie gewesen sind, ja kaum fühlen, wer sie sind, wenn das

Höchste sie beherrscht.‹ Schiller hat nicht nur die Größe
solchen Heldentums verherrlicht, sondern auch die Tragik
dargestellt, die ein Mensch erleidet, der um seiner über-
menschlichen Sendung willen auf alles verzichten lernen
muß, was sonst auch für die edelsten Menschen ihr schön-
stes Glück ausmacht.«

Schillers Werke in drei Bänden. Hrsg. von Reinhard Buchwald. Bd. 3. Leipzig: Insel-Verlag, 1940.
S. VIII f.

Im Schiller-Jahr 1959 artikulierte der aus dem Elsaß stam-
mende französische Germanist ROBERT MINDER (1902–80)
das Befremden des Franzosen gegenüber Schillers Dichtung:

»Anders klang die ›Jungfrau von Orleans‹ herein: mit der
frischen Herzlichkeit der Pastoralsymphonie. Schillers Auffassung der französischen Heldin mußte freilich den Franzosen genau so befremden wie den Araber Voltaires Darstellung des ›Mahomet‹ in der fünfaktigen Tragödie, die Goethe
übersetzt und Schiller verdammt hat. Gewiß, sein eigenes
Schauspiel ist romantisch gelockert, legendär verbrämt. Und
doch läuft durch die Zutaten und Ausweitungen klassisch-
schnurgerade die moralisierende Exemplifizierung. Charles
Péguy, der Verfasser einer aus dem Volk erhorchten, barock
überhöhten und mystisch-katholischen Jeanne d'Arc hat die
vielgerühmte Schillersche Verinnerlichung des Stoffes als
liberalistische Verflachung abgelehnt. So wenig man Karl
Moor die Jakobinermütze aufsetzen kann, so wenig darf
man einer historischen Gestalt wie dieser eine empfindsame
Liebe zu einem Engländer auf dem Schlachtfeld andichten,
wofür sie Buße tut und kämpfend – ohne Scheiterhaufen –
zum Himmel fährt.
Schillers Johanna wird vielleicht am verständlichsten als
emanzipierte Luise, und diese Emanzipierung selbst als
Widerschein der aktiv für Freiheit sich einsetzenden Frauen
der Revolutionszeit – von Lucile Desmoulins und Madame
Roland bis zu Charlotte Corday. Der Dichter gesteht Jo-

hanna zu, was er Luisen verwehrt hatte: die Schranken zwischen den Ständen zu überspringen. Aber auch um sie schließt sich alsbald wie ein Ring die harte Welt der Väter. Johanna wird vom eigenen Vater als Hexe denunziert und von Gott-Vater zu männlicher Härte verurteilt, zum gnadenlosen Niedermachen der Feinde. Die historische Jeanne d'Arc ist weder vom Vater angezeigt worden, noch hat sie in der Schlacht das Schwert geführt, nur das Banner vorangetragen. Beide Züge sind von Schiller frei erfunden – frei? Er gehorchte einem inneren Zwang. Auch in seiner ›Johanna‹ reifen die Früchte der Bekehrung auf stockschwäbisch-lutherischem Boden.«

Robert Minder: Schiller, Schwaben und die Herrlichkeit der Väter. In: Bernhard Zeller (Hrsg.): Schiller. Reden im Gedenkjahr 1959. Stuttgart: Klett, 1961. S. 192 f. – Mit freundlicher Genehmigung des Ernst Klett Verlages.

V. Texte zur Diskussion

Unter deutlichem Einfluß des Existentialismus steht
MELITTA GERHARDS (geb. 1891) Interpretation von 1950:

»Schillers *Jungfrau von Orleans* aber ist nicht aus dem
Bemühen um ›psychologische‹ Deutung der geschichtlichen
Jeanne d'Arc entstanden. Mit derselben unbekümmerten
Freiheit, mit der Schiller die Ereignisse ihrer Lebensbahn
behandelt, steht er auch den Wundererscheinungen gegenüber, die diese Bahn geleiten. Ihre Gestalt wie ihr Schicksal
sind ihm wichtig nur als Ausdruck eines Gehaltes, den er
darin zur Darstellung bringt. So, scheinbar willkürlich mit
seinem Gegenstand schaltend, ist er ihm gleichwohl tiefer
verbunden als die Weltsicht des späteren neunzehnten Jahrhunderts, die ihn aus psychologischen oder historischen
Bedingungen, aus einer bestimmten Zeit oder Umwelt heraus zu erklären und nachzufühlen strebt.

Denn die Visionen Johannas sind für Schiller Symbole, die
er von innen her erlebt, nicht, wie für Shaw oder Hebbel,
Phänomene, die sie als unbeteiligte Zuschauer beobachten,
verteidigen, historisch deuten. Die himmlische Verkündung
und Weisung, die seiner Johanna zuteil wird, ist, in welcher
Einkleidung immer, nur Ausdruck des Erfülltseins von einer
Sendung, die über Wollen und Wahl hinaus unwiderstehli-
ches Gebot bedeutet. Und darin lag für Schiller der Zugang
zu dem Stoff, konnte er ihm Sinnbild für eigenes Erleben
werden.

Die Hingabe an den inneren Beruf, an Werk und Ziel als
schicksalhafte Bestimmung zu fassen und darzustellen, vermochte erst der Weimarer Schiller, der, im Hinnehmen und
Überwinden des Unabwendbaren gereift und in der Vereini-
gung mit Goethe in seinem tiefsten Wollen bestätigt, des
eigenen Lebensgesetzes innegeworden war. Schon in Wal-
lensteins Sternenglauben hatte Schiller das Gefühl, vom
Geschick bezeichnet und geführt zu sein, zu verkörpern
gesucht. In der *Jungfrau* ist dies Bewußtsein der Erwählung,

das Getriebensein von höherer Macht die eigentliche Achse des Werkes.

Aber nicht nur als Weib untersteht Johanna dem inneren Gebot, daß die Erfüllung ihrer Mission mit dem Opfer ihrer natürlichen Daseins- und Glücksmöglichkeiten erkauft werden muß. Schiller rührt damit vielmehr an das innerste Gesetz und Geheimnis jeder höheren Aufgabe und Berufung. Es ist Wesen und Beglaubigung der echten Sendung, daß sie den vollen Einsatz persönlichen Lebens von ihrem Träger fordert.«

Melitta Gerhard: Schiller. Bern: Francke, 1950.
S. 372 f.

Hans Mayer (geb. 1907) publizierte 1953 einen Essay, der für die Rezeption der »Jungfrau von Orleans« in der DDR maßgeblich wurde:

»Die Schwächen der Dichtung liegen auf der Hand: Geistererscheinungen, spukhafte Elemente, Abkehr von der historischen Konkretheit, überhaupt all jene Bestandteile, die Schiller veranlaßten, das Werk eine romantische Tragödie zu nennen, erschweren den Heutigen den Zugang zu dieser großen Freiheitsdichtung. Denn um eine solche handelt es sich. Wir müssen auch gestehen, daß Franz Mehring die ›Jungfrau von Orléans‹ allzu zeitgebunden nach seinen Erfahrungen mit der Schiller-Verfälschung des Hohenzollernreiches und der deutschen Bourgeoisie beurteilt, wenn er sich bloß dagegen wehrt, daß die berühmten Verse des Aufrufs zur Verteidigung der nationalen Ehre als frischfröhlicher Tod für König und Vaterland im Sinne Wilhelms II. interpretiert würden, sonst aber das Werk ziemlich kühl abtut. Allein hinter dieser Verfälschung steht die unverfälschte Gestalt jenes Werkes, das Schiller diesmal nicht in kalter Distanz, sondern mit höchster Parteinahme des Herzens für seine Heldin und ihre Befreiungsmission gestaltet hat. Schiller selbst hat es in dem Gedicht ›Das Mädchen von Orléans‹ ausgesprochen, wenn er sagt:

›Dich schuf das Herz, du wirst unsterblich leben.‹

Nicht um ein Opfer für König und Vaterland handelt es
sich, sondern um die Selbstbefreiung des Volkes von der
Fremdherrschaft, deren Symbol das Mädchen aus dem
Volke wird. In vielen Dingen wirkt das Schauspiel wie eine
geschichtliche Vorwegnahme der Ereignisse von 1813, wo
das deutsche Volk den Befreiungskampf beginnt und die
widerstrebenden deutschen Fürsten unwiderstehlich mit
sich fortreißt, so wie Johanna als Vertreterin des Volkes den
schwächlichen Herrscher in die große Befreiungsbewegung
gleichsam hineinstößt.«

> Hans Mayer: Schiller und die Nation. In: H. M.:
> Studien zur deutschen Literaturgeschichte. Berlin:
> Rütten & Loening, 1953. S. 118.

Der Komparatist HORST RÜDIGER (geb. 1908) stellt das
Drama in den Traditionszusammenhang der europäischen
Hirtendichtung und gelangt aufgrund solcher motivge-
schichtlichen Analyse zu neuartigen wichtigen Erkennt-
nissen:

»Am heiligen Ernst Johannas gemessen, wirken die romantischen Schäfereien des Königs Karl und seines Vorbildes, des
heitren Greises René in der Provence, wie kindisches Spiel:
die dichterische Wiederholung der theoretischen Kritik an
der konventionellen Bukolik in Gestalt eines dramatischen
Gegensatzes, welcher der Bühnenwirkung zugute kommt.
Mit schwärmerischer Emphase verteidigt der König die
unzeitgemäße Gründung des Liebeshofes und *einer schuldlos reinen Welt ... in dieser rauh barbar'schen Wirklichkeit*
gegen Dunois' Spott (V. 504 f., 509 f., 514 f.): Es ist der Stil
der retrospektiven Idyllik und des Troubadourwesens, den
Karl zwar sehr königlich, doch wenig heldenhaft auch in der
höchsten Not an seinem Hofe zu pflegen gedenkt. Vergli-
chen mit Johannas unaffektiertem Hirtentum wirkt die höfi-
sche Travestie wie eine sittliche Entartung. Selbst als der
Rückzug *jenseits der Loire* und das Exil des Hofes unaus-
weichlich scheinen, verklärt die Vision eines *glücklicheren
Landes* unter *mildem, nie bewölktem Himmel, wo sanftre*

Sitten herrschen und Gesänge wohnen, den verzweifelten
Entschluß des bukolischen Phantasten (V. 906 ff.).
So scheint es fast Ironie, wenn ihm Rettung von *eines Hirten
niedrer Tochter* kommt, welche von Kind auf ihres Vaters
Schafe hütete (V. 1048 ff.) und die Mutter Gottes *als Schäferin gekleidet* schaute, wenngleich mit Schwert und Fahne
gerüstet (V. 1075 ff.). Wie David weist auch diese Erscheinung auf die Doppelgestalt voraus, in der Johanna ihr Werk
verrichten wird: als Hirtin und Heldin zugleich. Wenn nun
auch die klassische Komponente in Johannas Vorstellungs-
welt fehlt, so ist klassisches Erbe doch im Dichter wirksam,
und zwar nicht allein in der Montgomery-Szene (die
Lykaon-Episode in der *Ilias*, XXI). Vielmehr ist die rätselhafte, zu Fehldeutungen herausfordernde Doppelnatur der
Jungfrau auch schon im Gesamtwerk Vergils präfiguriert,
[...] In Johannas Gestalt ist die urtümliche Einheit von
Hirten-, Bauern- und Heldentum wiederhergestellt, welche
die Mode streng geteilt hatte. Doch dieses *retour à la nature*
hat ethisch ambivalenten Charakter. Nicht nur am Ende tritt
Johanna über die Grenzen des Irdischen hinaus; sie über-
schreitet bereits durch die Annahme der Investitur als gott-
gesandte, prophetisch erleuchtete Schlachtjungfrau die
Schranken, die ihr gesetzt sind, und zwar in zweifacher
Hinsicht: indem sie, *das kind'sche Hirtenmädchen, in königliche Dinge* eingreift (V. 1790 f.; vgl. V. 2231 f.), und indem
sie, die eingeborene Unschuld ihres Hirtentums auf höheres
Geheiß verleugnend, zur ›männermordenden Amazone‹
wird. Eben diese Grenzüberschreitung trägt zu ihrer tragischen Verstrickung entscheidend bei. Denn ihre Schuld
besteht keineswegs allein in der Übertretung des göttlichen
Gebotes der Enthaltsamkeit von Männerliebe; sie besteht in
einer tieferen geistesgeschichtlichen Schicht vor allem im
kriegerischen Handeln als solchem, das sie, die *fromme
Schäferin*, in der Erinnerung an Arkadien und auf dem Wege
nach Elysium immer wieder als prinzipiell widersittlich
empfinden muß. Daher verbietet sich die Interpretation der

Tragödie als patriotisches Exemplum. Gern zitierte Verse
wie 1782 f.:

> *Was ist unschuldig, heilig, menschlich gut,*
> *Wenn es der Kampf nicht ist ums Vaterland? –*

gehören zur rhetorischen Prunkausstattung, mit der Schiller
psychologische Brüche seiner Gestalten oder dramatischen
Situationen gern verkleidet; oder sie haben eine Funktion im
dramatischen Zusammenhang der Szene und sind nicht bestimmt, einen Charakter eindeutig zu kennzeichnen. [. . .]
Hirtenstab und Schwert sind die Symbole von Johannas
Doppelwesen; aber das Handeln mit dem Schwerte erfolgt
gegen die freie Wahl seiner Trägerin. Schuldlos ist das
Hirtendasein; schuldig macht das aufgezwungene, unweib-
lich-unschäferliche, das politisch-kriegerische Handeln.
Nicht nur als Jungfrau hat Johanna das göttliche Gebot
übertreten, indem sie Liebe zu einem Manne empfindet; erst
recht ist sie als Hirtin in die zwiespältigste Situation hinein-
gerissen worden, die sie zwingt, ihre Natur zu verleugnen.
In der Störung ihrer pastoralen Natur durch den Zwang zum
Kriege liegt ihre tiefste Tragik – Sinnbild des menschlichen
Sündenfalles überhaupt. Die *Jungfrau von Orléans* ist eine
Pastoraltragödie, die einzige der deutschen Literatur, welche
diese Bezeichnung im hohen Sinne des Wortes verdient. Sie
klingt mit der sentimentalischen Idylle einer Apotheose aus,
in der die Schuld der Selbstverleugnung und Naturentfremdung durch den *Übertritt* der Schuldiggewordenen in das
Göttliche aufgehoben wird. Neben dieser Urschuld des
modernen Menschen erscheint Männerliebe als die geringere
Verfehlung, ja fast nur als ein dramatisches Vehikel, um das
äußere Scheitern Johannas sinnfällig zu machen. Denn ein
Scheitern im Bereiche des metaphysischen Wesentlichen
wird durch die Apotheose ausgeschlossen: Sie ist ein Akt der
Gnade, deren die höheren Mächte den unfreiwillig Schuldiggewordenen teilhaftig werden lassen.«

Horst Rüdiger: Schiller und das Pastorale. In: Eu-
phorion 53 (1959) S. 245–247.

Eine Interpretation der Gestalt Johannas mit Hilfe von Schillers Begriffen des Naiven und Sentimentalischen skizziert WOLFGANG BINDER (geb. 1916):

»Schiller versteht unter ›*Natur*‹ [...] eine Existenz aus sich selbst, unabhängig von anderem Existierendem, ein Dasein des reinen Selbstvollzugs, d. h. eine natura naturans, deren Begriff der Zeit geläufig ist. Naiv ist, was diese Existenz lebt, sentimentalisch, was sie sucht, weil es sie nicht lebt. Der Naive ist daher in sich, der Sentimentalische außer sich, anders ausgedrückt: der Naive existiert aus sich heraus, der Sentimentalische auf sich zu. Das liegt schon in den Wortbedeutungen: naiv, nativus heißt naturhaft, sentimentalisch heißt, auf das Sentiment, das Sich-fühlen, Sich-betrachten, das Auf-sich-reflektieren angewiesen.

Da nun In-sich-sein sich selber genügt und keiner Ergänzung von außen bedarf, existiert der Naive unendlich; und da Außer-sich-sein auf Gegebenes angewiesen und also in sich selbst unvollständig ist, existiert der Sentimentalische endlich. Die Unendlichkeit oder, wie Schiller auch sagt, die ›*Göttlichkeit*‹ des Naiven besteht darin, daß er aus sich selbst ist, was er ist; die Endlichkeit des Sentimentalischen darin, daß er suchend sich ständig transzendieren muß, um zu sein. Dabei entdeckt er aber im gegenständlichen Ideal gerade das Unendliche, das dem Naiven immer verborgen bleibt, weil er selbst unendlich ist. Darum erklärt die Abhandlung, daß ›*das Genie* [sc. das naive] *immer sich selbst ein Geheimnis bleibt*‹. Derselbe Satz findet sich im ersten großen Brief an Goethe (23. 8. 1794), der auf den Gedanken gestimmt ist, Goethe könne seiner Natur nach nicht wissen, was er sei, aber er, Schiller, könne, ebenfalls seiner Natur nach, es ihm erklären, weil er es nicht sei. Formelhaft würden wir sagen: Der Naive ist durch absolutes Sein, der Sentimentalische durch das Bewußtsein des Absoluten bestimmt.

Blickt man von hier auf das Drama, so wird man naive Helden erwarten, die sicher und frei, ja geradezu vom Glanz einer göttlichen Anmut umstrahlt erscheinen, aber sich

selbst nicht kennen. Das trifft auf die Charakteristiken der
drei Helden zu, die Schiller selbst naive genannt hat. Warbeck ›*steht da wie ein beglückendes Wesen*‹, Demetrius
erscheint als der ›*liebenswürdigste und herrlichste Jüngling,
der die Gnade Gottes hat und der Menschen*‹. Für Johanna,
die ›*Wunderbare*‹, deren Haupt ein ›*Götterschein*‹ umgibt
(V. 1827 ff.), dürfte Schiller in seinen vernichteten Entwür-
fen ähnliches notiert haben. Zugleich liegt aber über Demetrius' Sinn eine ›*Dunkelheit*‹, ebenso über Warbeck ›*eine
gewisse poetische Dunkelheit*‹, ja er ›*flieht die Klarheit über
seinen Zustand*‹. Und Johannas Sendungsbewußtsein beruht
auf der Unkenntnis ihrer selbst. Zur Verwunderung ihrer
Umgebung behauptet sie hartnäckig, Gefühl und Herz nicht
zu kennen, wiewohl ihre Versöhnungstaten und sogar die
Art ihrer Kriegführung sie Lügen strafen. Ihre subjektive
Leistung geht ständig über das objektive Gebot hinaus, aber
sie interpretiert sie ausschließlich in dessen Aspekt. – Umge-
kehrt müßten sentimentalische Charaktere unsicher, mit
unablässiger Selbstzergliederung beschäftigt und ohne
Anmut erscheinen. Soviel wir sehen, ist keine Äußerung
Schillers überliefert, in der er einer seiner eigenen Helden
ausdrücklich einen sentimentalischen Charakter zugeschrieben hätte. Aber an Werther, Tasso, Wilhelm Meister und
Faust, die er so charakterisiert, hebt er bekanntlich das
›*Gequälte*‹ und den unglücklichen ›*Kontemplationsgeist*‹
hervor.«

> Wolfgang Binder: Die Begriffe »naiv« und »senti-
> mentalisch« und Schillers Drama. In: Jahrbuch der
> Deutschen Schillergesellschaft 4 (1960) S. 150 f.

GERHARD KAISER (geb. 1927) interpretiert das Ende aus dem
Zusammenhang von Schillers »idealistischem« Denken:

»Doch in der Erfüllung des Menschen wird auch die
Menschheit überschritten, so wie erst im Überschreiten die
Erfüllung der Menschheit ist. Überschreiten ist hier im
doppelten Sinne zu verstehen: als Übertritt des Menschen in
den Gott, aber auch als Übertritt in den Tod, und so

gehören Johannas alle Grenzen der Menschheit überschreitende Selbstbestimmung und ihre der Menschheit den Tribut zahlende Todeswunde, die sie im letzten Sieg empfängt, unmittelbar zusammen und sind nur in Beziehung aufeinander verständlich. Johannas Gebet im Augenblick der wunderbaren Selbstbefreiung ist in seinem Wortlaut auch schon das Gebet der Sterbenden: ›So sei Gott mir gnädig!‹ (3478) und schließt in seinem Inhalt den Tod in sich ein, denn Johanna bezieht sich in ihrem Gebet auf den geblendeten und gefesselten Simson – indem sie sich mit ihm vergleicht, weiß sie sich auch in der Erniedrigung wieder als Gesendete Gottes. Sie will ihre Fesseln brechen wie Simson, als er seinen Kerker zertrümmerte, um seine Feinde – und sich selbst! – unter den Trümmern zu begraben. Gerade durch seine Gewißheit, daß nur im Tod Vollendung der menschlichen Natur, die Harmonie der großen Idylle real werden können, ist der Schillersche Idealismus wirklichkeitsnah und hat den vollen Blick auf die Not der Welt. Und von hier aus offenbart Johannas Berufungsvision mit ihren beiden Bedingungen noch einmal einen höchsten und letzten Sinn: Johannas Berufung zur Darstellung des Götterbildes der Menschheit und damit zur Herstellung und Erfüllung der Natur ist Berufung zum Tode, wie Johanna von Anfang an weiß. Das Liebesverbot ist die Forderung zur Vorwegnahme des Todes im eigenen Willen, und hier erfährt auch das Tötungsgebot seine letzte Rechtfertigung und Versöhnung mit Johanna als Person. Es entspringt, wie wir sahen, der in den Zorn gewendeten Liebe angesichts einer verkehrten Welt und hat die Wiederherstellung der Welt zum Ziel. Es darf und muß befolgt werden, wie es Johanna in ihrem letzten Sieg vollbringt – im Vorgriff auf den eigenen Tod. Johanna tötet als die virtuell seit Beginn ihrer Berufung Sterbende. Damit ist ihr Tod als Vollendung der Menschheit auch Wiederherstellung der entstellten Menschheit. Indem die Jungfrau tötet, folgt sie der Notwendigkeit, den Widerspruch der Welt und deren Verkehrung, die zunächst jenseits ihrer stehen, in sich

aufzunehmen, um sie im Tode zu versöhnen. Ist die tötende
Jungfrau kühnstes und dabei angemessenstes Sinnbild für die
von der Menschheit zu durchschreitende Dissonanz, so ist
die Jungfrau auch angemessenstes Bild für die Vollendung
der Menschheit, und damit tritt aus der eingangs betonten
Antithese des Dramas zur Schillerschen Philosophie der
Geschlechter zuletzt auch die Übereinstimmung hervor:
eine Jungfrau muß Kriegerin werden, weil das härtester
Ausdruck der Naturentfremdung ist; der überwindende
Mensch erscheint in der Gestalt der herrlichen Jungfrau,
denn in der Harmonie der weiblichen Natur wird für Schiller die höchste Harmonie des Menschen anschaulich, wie es
das Gedicht *Das weibliche Ideal* ausspricht:

> ›Was das Höchste mir sei? Des Sieges ruhige Klarheit,
> Wie sie von deiner Stirn, holde Amanda, mir strahlt.
> Schwimmt auch die Wolke des Grams um die heiter
>   glänzende Scheibe,
> Schöner nur malt sich das Bild auf dem vergoldeten Duft.
> Dünke der Mann sich frei! Du bist es; denn ewig
>   notwendig
> Weißt du von keiner Wahl, keiner Notwendigkeit mehr.‹

Hier erscheint im weiblichen Ideal das Idealbild des Menschen. Die Nähe der Vorstellung zur Schlußapotheose der
Jungfrau, zur Vergötterung des Herakles am Ende des
Gedichts *Das Ideal und das Leben*, zu Schillers Vision der
großen Idylle ist evident.
›Kurz ist der Schmerz, und ewig ist die Freude‹ (3544) ist
Johannas letztes Wort in der Verklärung der großen Idylle.
Der Schmerz, und das heißt aller Schmerz der Welt, der in
diesem Drama vom Kriege ja voll gegenwärtig ist, ist kurz,
nicht als Zeit gemessen, sondern in Relation zur Freude, die
für Schiller wesentlich Sieg über die Zeit und somit Ewigkeit
ist. Ewig ist die Freude aber auch noch in einem anderen,
weiteren Sinne: In der Liebe und in der Freude ist die
Wahrheit des Menschen und die Erfüllung seiner Natur. Sie
kann sich ganz erst im Übertritt aus dem Leben in den Tod,

aus der Zeit in die Ewigkeit des Ideals schenken. Der Mensch vollendet sich im Augenblick der im Tod erfahrbaren Freiheit, und alle Freiheit im Leben ist eine Vorahnung dieser letzten möglichen Freiheit, alle Vollendung im Leben Vorahnung der Chance letzter Vollendung im Tode. Diese Vollendung, nicht ein Jenseits ist die Ewigkeit. Johanna hat mit ihrem Sieg aber nicht nur die Vision des vollkommenen Menschen, die ihr in der Berufung zuteil wird, sondern auch die Vision der heilen Welt und des Friedensreiches verwirklicht; allerdings mit einem bedeutenden Unterschied: Sie selbst hat in der Vollendung die Zone der Geschichte hinter sich gelassen und damit die Geschichte erfüllt, alle gesellschaftlichen Formen aber bleiben in der Vorläufigkeit der Geschichte. Die Jungfrau als Einzelne hat den Entwicklungsweg der Menschheit stellvertretend durchschritten; die Menschheit als Gattung bleibt unterwegs. Ide betont mit Recht, daß Frankreich nicht einfach durch ein ›Wunder‹ der Friede geschenkt wird, vielmehr greifen die letzte Anstrengung der Franzosen zur Befreiung der von ihnen verratenen Johanna und Johannas letzter Sieg ineinander. Doch auch das hergestellte Frankreich bleibt in der Möglichkeit neuen Abfalls, und Johannas Idealbild seiner Befriedung hat denselben Realitätsgrad, den das Ideal für Schiller überhaupt im Leben hat: es bezeichnet das Ziel des Lebens, aber als im Leben unerreichbares.«

Gerhard Kaiser: Johannas Sendung. Eine These zur »Jungfrau von Orleans«. In: G. K.: Von Arkadien nach Elysium: Schiller-Studien. Göttingen: Vandenhoeck & Ruprecht, 1978. S. 132–134.

Nachdem er die Interpretationen von Benno von Wiese, Gerhard Storz und Heinz Ide gemustert hat, gelangt EMIL STAIGER (geb. 1908) in seinem Schiller-Buch zu diesem Ergebnis:

»Schiller hat das Trauerspiel ›Die Jungfrau von Orléans‹ nicht verfaßt, um den erhabenen Menschen in der höchsten Steigerung vorzuführen und dessen typisches Schicksal in einer Folge von Akten darzutun. Er hat sich der wunderbaren Gestalt und ihres heroischen Wandels bedient, um eine Tragödie zu verfassen und abermals von der Bühne herab das Mitleid und die Furcht zu entfesseln und uns durch labyrinthische Gänge unserer Leidenschaften in das Reich der Freiheit zu geleiten.

Man unterschätze diese Umkehrung des gewohnten Verhältnisses nicht! Dichter wie Heinrich von Kleist oder Hebbel gelangen von ihrer ›tragischen‹ Weltanschauung zur dramatischen Kunst. In jedem Sinne des Wortes ›geht‹ ihr Weltbild am vollkommensten und reinsten in einem Drama, einer Komödie oder Tragödie, ›auf‹. Wir fragen darum mit Recht, wie die tödliche Skepsis Kleists oder Hebbels Pantragismus ein Drama konstituiert, wie alles, die Charaktere, die Fabel, die Folge der Szenen, der Dialog, in der Idee zusammenstimmt. Wenn ein solches Gebilde noch bühnengerecht ist, so stellen wir dies mit Genugtuung fest, behandeln das Dramaturgische aber, als untergeordnet, nur am Rand.

Bei Schiller dagegen ist die Frage der Bühnenwirksamkeit primär. Er wählt schon die Stoffe nicht im Hinblick auf die Transparenz einer Idee; er interessiert sich für ihre potentielle szenische Energie. Und wenn er sie dann auch als Denker erhellt und auf seine fundamentalen Begriffe, auf sein historisches oder anthropologisches Sinngefüge, bezieht, vergißt er darüber die Bühne doch nie und billigt ihr in allen zweifelhaften Fällen den Vorrang zu. Die Bühne dient nicht seinen Ideen; seine Ideen dienen ihr, die selber wieder der Freiheit dient.

Daraus ergibt sich nun aber, daß nicht alle Einzelheiten einer Schillerschen Tragödie in einer Idee zusammenstimmen müssen, daß ihr Gefüge nicht danach beurteilt werden darf, ob sich darin ein Weltbild symbolisiert. Mit allem, mit den Gestalten, mit den Bildern und Konfigurationen, auch mit den Gedanken, Problemen und Ideen, wird Theater gespielt. Wenn nur die Zuhörerschaft durch eine wohlerwogene Folge von Entzückungen und Erschütterungen, durch

Furcht und Mitleid überwältigt und schließlich in der durch
die Katharsis erzielten Ruhe, dem freiesten und erhabensten
Sein, entlassen wird, dann hat der dramatische Dichter
vollkommen geleistet, was ihm zu leisten obliegt; um alles
andere braucht er sich nur an zweiter und dritter Stelle zu
kümmern.«

Emil Staiger: Friedrich Schiller. Zürich: Atlantis
Verlag, 1967. S. 404 f.

ANNI GUTMANN (Lebensdaten nicht zu ermitteln) spürt
biblischen Motiven nach, ergänzt Ergebnisse früherer
Untersuchungen in dieser Hinsicht und gelangt in ihrer
Analyse von Johannas Schuld zu diesem Ergebnis:

»Drei Tage lang, vom Sturm umtobt, macht sie eine Läuterung durch ähnlich wie Jona ›im Leibe des Fisches‹. Nach
dieser Läuterung läßt Schiller uns die Apotheose seiner
Heldin miterleben. Diese klingt nicht nur an Christi Him-
melfahrt an: ›Und da er solches gesagt, ward er aufgehoben
zusehends, und eine Wolke nahm ihn auf vor ihren Augen
weg‹ (Apg. 1,9), sondern auch an eine Vision des Propheten
Hesekiel: ›Gleichwie der Regenbogen sieht in den Wolken,
wenn es geregnet hat, also glänzte es um und um. Dies war
das Ansehen der Herrlichkeit des HErrn‹ (Hes. 1,28).
Solch ein Ende ist passend für eine Heldin, der die Überlieferung Züge von Kämpfern des Alten, und Duldern des
Neuen Testaments gegeben hat. Wenn man sich im klaren
darüber ist, daß die kriegerischen Züge der einen und Dulden und Vergebung der andern niemals völlig vereinbar sein
können, sieht man auch, warum sich gewisse Widersprüche
in Schillers Johanna nicht erklären lassen. Man könnte aber
auch sagen: Die Begründung der Widersprüche in Schillers
Jungfrau geht auf ähnliche Gegensätze zwischen Helden des
Alten und Duldern des Neuen Testaments zurück. Erstaunlich ist, daß es Schiller trotzdem gelang, eine Heldin zu
schaffen, die so lebendig ist, daß sie die Nachwelt immer
wieder zu Begeisterung und Kritik, zu Bejahung und Ver-

neinung, zu Nachahmung und Erwiderung, zu neuer Erklä-
rung und zu neuer Verklärung bewegt.«

Anni Gutmann: Schillers Jungfrau von Orleans:
Das Wunderbare und die Schuldfrage. In: Zeitschrift für deutsche Philologie 88 (1969) S. 582 f.

Mit guten Gründen hat GERHARD SAUDER (geb. 1938) den
antirealistischen Dramenstil Schillers, der sich in der »Jungfrau von Orleans« vielleicht am deutlichsten verwirklicht,
gerechtfertigt:

»Er konfrontiert nicht nur den Spott der *Pucelle* mit seiner
erhabenen Johanna, sondern hält für die von ihm schmerz-
lich erfahrene nachrevolutionäre Zeit um die Jahrhundert-
wende nur eine ›pathetischerhabene‹ Kunst für geeignet. Die
Bühne muß sich des ›erhabenen Moments / Der Zeit, in dem
wir strebend uns bewegen‹, wert erweisen. Am ernsten Ende
des Jahrhunderts werde ›selbst die Wirklichkeit zur Dichtung‹. Jetzt müsse die Kunst auch ›höhern Flug versuchen‹,
soll ›nicht des Lebens Bühne sie beschämen‹. So heißt es im
Prolog zum *Wallenstein* vom Oktober 1798. Selbst die
Flucht in ›des Herzens stille Räume‹, ins ›Reich der Träume‹
und in den ›Gesang‹ ist keine Flucht aus der Zeit. Die
Deutschen hätten sich, so heißt es in dem Fragment *Deutsche Größe* vom Frühjahr oder Sommer 1797, unabhängig
von der politischen Lage, einen eigenen Wert geschaffen,
›eine sittliche Größe‹, die in der Kultur und im Charakter
der Nation lebe, ›und indem das politische Reich wankt, hat
sich das geistige immer fester und vollkommener gebildet‹.
Es sei die Aufgabe der Deutschen, ›an dem ewgen Bau der
Menschenbildung‹ zu arbeiten, nicht ›im Augenblick zu
glänzen und seine Rolle zu spielen, sondern den großen
Prozeß der Zeit zu gewinnen‹. Der Deutsche könne sich in
seinem altersgrauen alten Reich keine ›freie Bürgerkrone‹
wie der Franke aufs Haupt setzen, es bleibe ihm aber die
Hoffnung auf ›seinen Tag in der Geschichte‹: ›Doch
lebendge Blumen grünen / Unter gotischen Ruinen‹.
Wenn Schillers Vorstellung vom ›ästhetischen Staat‹ und der

Funktion Deutschlands bei seiner ›Errichtung‹ aus der
›Bekanntschaft‹ mit den ›uns umlauernden Gefahren‹ hervorgeht, wenn uns zu dieser ›Bekanntschaft‹ das ›furchtbar
herrliche Schauspiel der alles zerstörenden und wieder
erschaffenden und wieder zerstörenden Veränderung‹, die
›pathetischen Gemälde der mit dem Schicksal [ringenden]
Menschheit‹ verhelfen, so sind dies nicht zuletzt Reflexionen
über die Krise der Revolution. Von den geschichtsphiloso-
phischen Aspekten ist später zu sprechen. Schillers ›pathetischerhabene‹ Kunst möchte ästhetisch erziehen zu ›Inde-
pendenz‹ vom gesetzlosen Chaos der Erscheinungen; erst
die ›Freiheit‹ macht den Menschen ›zum Bürger und Mit-
herrscher eines höhern Systems, wo es unendlich ehrenvol-
ler ist, den untersten Platz einzunehmen, als in der physi-
schen Ordnung den Reihen anzuführen‹. Durch Fortschritte
in diesem ›höhern System‹ glaubt Schiller den Vorzug der
Deutschen im Zeitalter der politischen Veränderung begründet. Aber auch dieser Prozeß muß tatkräftig gefördert
werden:
›Unsere Tragödie, wenn wir eine solche hätten, hat mit der
Ohnmacht, der Schlaffheit, der Charakterlosigkeit des Zeit-
geistes und mit einer gemeinen Denkart zu ringen, sie muß
also Kraft und Charakter zeigen, sie muß das Gemüth zu
erschüttern, zu erheben, aber nicht aufzulösen suchen. Die
Schönheit ist für ein glückliches Geschlecht, aber ein
unglückliches muß man erhaben zu rühren suchen.‹«

Gerhard Sauder: Die Jungfrau von Orleans.
In: Walter Hinderer (Hrsg.): Schillers Dramen.
Neue Interpretationen. Stuttgart: Reclam, 1979.
S. 223 f.

VI. Vergleichstexte

Gestalt und Leben der Jeanne d'Arc haben, nicht erst seit Voltaire, immer wieder bildende Künstler, Musiker und Dichter zu Gemälden, Glasmalereien, Opern, Symphonien, Gedichten, Epen und Dramen inspiriert. Wilhelm Grenzmanns Buch »Die Jungfrau von Orleans in der Dichtung« (1929) nennt im Anhang zahllose französische, englische und deutsche Dichtungen und Musikwerke, die seit 1646 entstanden sind. Joachim Schondorff hat 1964 die wichtigsten englischen, französischen und deutschen Dramen des zwanzigsten Jahrhunderts in einem Band vorgestellt, der mit Schillers »Jungfrau von Orleans« eröffnet wird und für den Peter Demetz ein Vorwort geschrieben hat. Das Buch enthält von George Bernard Shaw »Die Heilige Johanna. Dramatische Chronik in sechs Szenen und einem Epilog« (1923), von Bertolt Brecht »Die Heilige Johanna der Schlachthöfe« (1932), von Paul Claudel »Johanna auf dem Scheiterhaufen. Dramatisches Oratorium« (1938), von Max Mell »Jeanne d'Arc. Ein Schauspiel« (1957) und von Jean Anouilh »Jeanne oder die Lerche. Schauspiel in zwei Teilen« (1953).

Von den Dramen Shaws und Anouilhs wird hier jeweils der Anfang vorgestellt, zwei Texte, die, vor allem im Vergleich mit Schillers Tragödie und Voltaires Epos, einen Eindruck von der Vielfalt der Perspektiven vermitteln können, unter denen die historische Figur gesehen und reflektiert wurde. SHAWS »Dramatische Chronik« in sechs locker aneinandergefügten Szenen und einem Epilog verstößt bewußt gegen die historische Überlieferung, indem sie Johanna als Vorkämpferin des Protestantismus und Nationalismus darstellt, und dies, obwohl Shaw sich scheinbar eng an die in den Prozeßakten überlieferten Tatsachen hält. Damit steht er zugleich in der Opposition zu Schillers »romantischer Tragödie«. Er kritisiert ihre »verherrlichende Sentimentalität«

(the beglamored sentimentality«) und wirft Schiller vor, er habe die Jungfrau von Orleans »in einem Hexenkessel tobender Romantik« ertrinken lassen (»drowned in a witch's caldron of raging romance«[1]).

ERSTE SZENE

Das Jahr 1429.
Ein schöner Frühlingsmorgen an der Maas zwischen Lothringen und der Champagne im Schloß von Vaucouleurs.
Hauptmann Robert de Baudricourt, ein militärischer Gentleman, stattlich, anscheinend energisch, aber willenlos, verbirgt – wie immer – diese Schwäche damit, daß er seinen Verwalter entsetzlich tyrannisiert. Dieser ist ein getretener Wurm, spärlich an Umfang und spärlich an Haarwuchs. Er könnte ebensogut achtzehn wie fünfundfünfzig Jahre alt sein, denn er gehört zu jenen Menschen, die nicht welken, weil sie niemals geblüht haben. Die beiden befinden sich in einem sonnigen, steinernen Raum im ersten Stock des Schlosses. Der Hauptmann sitzt an einem schmucklosen soliden Eichentisch, auf einem dazu passenden Stuhl. Er zeigt sein linkes Profil. Der Verwalter steht auf der anderen Seite des Tisches ihm gegenüber –, soweit man seine jämmerliche Haltung überhaupt mit ›stehen‹ bezeichnen kann. Das Säulenfenster hinter ihm – dreizehntes Jahrhundert – ist offen. Daneben, in der Ecke, führt ein schmaler Türbogen zu einem Erkerturm mit einer Wendeltreppe, die unten in den Hof mündet. Unter dem Tisch steht ein klobiger vierfüßiger Schemel, unter dem Fenster eine hölzerne Truhe.

ROBERT Keine Eier! Keine Eier!! Donnerwetter, Mensch, was soll denn das heißen: keine Eier?!
VERWALTER Es ist nicht meine Schuld. Es ist Gottes Wille.
ROBERT Blasphemie! Du sagst mir, es gäbe keine Eier, und gibst deinem Schöpfer die Schuld!
VERWALTER Was soll ich denn tun? Ich kann keine Eier legen!
ROBERT *sarkastisch:* Ah! Das findest du also auch noch komisch!?
VERWALTER Nein, weiß Gott nicht. Wir alle müssen auf Eier verzichten. Genau wie Sie, Herr von Baudricourt. Die Hennen legen einfach nicht.
ROBERT So! *Steht auf.* Jetzt hör mir mal gut zu!
VERWALTER *unterwürfig:* Ja, Herr von Baudricourt.

1 George Bernard Shaw: Saint Joan / The Apple Cart. London 1961 ([1]1932). S. 24 f. Übers. von Wolfgang Hildesheimer. Frankfurt a. M. 1971. S. 36 f.

ROBERT Wer bin ich?

VERWALTER Wer Sie sind?

ROBERT *geht auf ihn zu:* Ja. Wer ich bin. Bin ich Robert, Ritter von
Baudricourt und Herr dieses Schlosses von Vaucouleurs, oder bin
ich ein Kuhtreiber?

VERWALTER Aber Herr von Baudricourt, Sie wissen doch, daß Sie
hier ein größerer Mann sind als der König selbst.

ROBERT Genau. Und weißt du auch, was du bist?

VERWALTER Ich bin niemand, außer daß ich die Ehre habe, Ihr
Verwalter zu sein.

ROBERT *drängt ihn mit jedem Adjektiv näher an die Wand:* Du hast
nicht nur die Ehre, mein Verwalter, sondern auch das Privileg, das
schwachsinnigste, dämlichste, dußligste Rindvieh von einem Verwalter in ganz Frankreich zu sein.

VERWALTER *drückt sich an die Truhe:* Ja, einem bedeutenden Mann
wie Ihnen muß es wohl so vorkommen.

ROBERT *wendet sich ab:* Das ist wohl auch noch meine Schuld, was?

VERWALTER *geht ihm nach und bittet ab:* Aber Herr von Baudricourt, Sie müssen mir immer meine harmlosen Worte umdrehen.

ROBERT Ich werde dir den Hals umdrehen, wenn du dich unter-
stehst, mir auf die Frage nach Eiern zu antworten, daß du keine
legen kannst.

VERWALTER *flehentlich:* Aber Herr von ...

ROBERT Herr von ... Herr von ... – Her damit! Meine drei
Berberhennen und das Schwarzhuhn sind die besten Leghennen in
der ganzen Champagne. Und da kommst du und erzählst mir, es
gäbe keine Eier! Wer hat sie gestohlen? Heraus damit, oder du
segelst mit einem Fußtritt durch das Schloßtor, weil du lügst und
mein Eigentum an Diebe verkaufst. Gestern war auch zu wenig
Milch da, vergiß das nicht!

VERWALTER *untröstlich:* Ich weiß, ich weiß es nur zu gut. Es gibt
keine Milch, es gibt keine Eier. Morgen wird es gar nichts mehr
geben.

ROBERT Gar nichts mehr?! Du stiehlst wohl gleich alles, wie?

VERWALTER Nein. Niemand stiehlt etwas. Aber es liegt ein Fluch auf
uns. Wir sind verhext.

ROBERT Diese Geschichte überzeugt mich nicht. Robert von Baudricourt ist einer, der Hexen verbrennt und Diebe hängt. Los! Bis
zum Mittag bringst du mir vier Dutzend Eier und zwei Gallonen
Milch, und zwar hierher, in dieses Zimmer, sonst erbarme sich
Gott deiner Knochen. Ich werde dir beibringen, mich zum Nar-

ren zu halten. *Er setzt sich und macht eine Miene, als sei die Sache erledigt.*

VERWALTER Herr von Baudricourt, ich sage Ihnen, es sind keine Eier da, und wenn Sie mich totschlagen. Es gibt keine, solange das Mädchen vor der Tür steht.

ROBERT Das Mädchen? Welches Mädchen? Von was redest du?

VERWALTER Das junge Ding aus Lothringen. Aus Domrémy.

ROBERT *erhebt sich in furchtbarem Zorn:* Dreißigtausend Donnerwetter, fünfzigtausend Teufel noch einmal! Willst du mir erzählen, daß diese Göre, die vor zwei Tagen die Unverschämtheit hatte, mich sprechen zu wollen, immer noch da ist? Ich habe dir doch gesagt, du sollst sie heimschicken mit dem Befehl an ihren Vater, sie tüchtig durchzuprügeln.

VERWALTER Ich habe ihr gesagt, sie soll gehen. Sie will nicht.

ROBERT Ich habe dir nicht befohlen, ihr zu sagen, sie soll gehen. Ich habe dir befohlen, sie hinauszuwerfen. Du hast fünfzig Bewaffnete und ein rundes Dutzend handfester Diener, um meine Befehle auszuführen. Haben die Angst vor ihr?

VERWALTER Sie ist so unbeirrbar.

ROBERT *packt ihn am Kragen:* Unbeirrbar! Weißt du, was ich jetzt tue? Ich werfe dich die Treppe hinab.

VERWALTER Nein, bitte nicht!

ROBERT Gut, dann wehre dich mal! Du brauchst bloß unbeirrbar zu sein. Es ist ganz leicht. Jedes rotznäsige kleine Mädchen kann es.

VERWALTER *hängt schlaff an seiner Hand:* Herr von Baudricourt, Sie werden das Mädchen nicht los, wenn Sie mich hinauswerfen. *Robert muß ihn fallen lassen. Der Verwalter kauert kniend auf dem Boden und betrachtet schicksalsergeben seinen Herrn.* Sehen Sie, Herr von Baudricourt? Sie sind viel unbeirrbarer, als ich es bin. Aber die ist es eben auch.

ROBERT Ich bin stärker als du, du Rindvieh.

VERWALTER Nein, Herr von Baudricourt, daran liegt es eben nicht. Sie haben einen starken Willen. Die Kleine ist schwächer, als wir sind. Sie ist nur ein Strich. Aber wir bringen sie nicht dazu, fortzugehen.

ROBERT Feige Bande! Ihr habt Angst vor ihr.

VERWALTER *steht vorsichtig auf:* Nein, Angst haben wir vor Ihnen. Aber sie macht uns Mut. Sie scheint wahrhaftig vor nichts Angst zu haben. Vielleicht könnten Sie ihr bange machen.

ROBERT *grimmig:* Vielleicht. Wo ist sie jetzt?

VERWALTER Unten im Hof. Sie unterhält sich mit den Soldaten, wie gewöhnlich. Sie unterhält sich immer mit den Soldaten, wenn sie nicht gerade betet.

ROBERT Betet! Ach! Du denkst, sie betet, du Dummkopf! Ich kenne die Sorte Mädchen, die sich immer mit Soldaten unterhält. Sie soll sich gleich einmal mit mir unterhalten. *Er geht ans Fenster und brüllt grimmig hinab:* Du da!

DIE STIMME EINES MÄDCHENS *hell, stark und rauh:* Meint Ihr mich, Herr?

ROBERT Ja, dich.

MÄDCHEN Seid Ihr der Hauptmann?

ROBERT Ja, du unverschämtes Luder! Ich bin der Hauptmann. Komm herauf! *Zu den Soldaten im Hof:* Zeigt ihr den Weg! Schafft sie herauf! Los! *Er verläßt das Fenster und kehrt an seinen Platz am Tisch zurück, hinter dem er sich in Positur setzt.*

VERWALTER *flüstert:* Sie will selbst Soldat werden. Von Ihnen will sie Soldatenkleidung haben. Eine Rüstung. Und ein Schwert. Wirklich! *Er schleicht sich hinter Robert.*
Johanna erscheint unter dem Türbogen. Sie ist ein kräftiges Bauernmädchen, siebzehn oder achtzehn Jahre alt, in einem anständigen roten Kleid. Sie hat ein ungewöhnliches Gesicht: weit auseinanderliegende, ein wenig hervorstehende Augen, wie es bei sehr phantasievollen Menschen oft vorkommt, eine lange, schöngeschwungene Nase mit weiten Nasenflügeln, eine kurze Oberlippe, einen energischen Mund trotz voller Lippen und ein hübsches streitsüchtiges Kinn. Sie geht zielsicher auf den Tisch zu, höchst befriedigt, endlich bis zu Herrn von Baudricourt vorgedrungen zu sein, und voll Hoffnung auf das Ergebnis. Seine finstere Miene hält sie nicht zurück, schüchtert sie auch nicht ein. Ihre Stimme hat meist einen herzhaften, angenehmen Ton, sehr zuversichtlich, sehr einschmeichelnd. Man kann ihr schwerlich widerstehen.

JOHANNA *versucht einen Knicks:* Guten Morgen, lieber Herr Hauptmann. Hauptmann: Ihr sollt mir ein Pferd geben, und eine Rüstung und ein paar Soldaten, und mich zum Dauphin schicken. Das sind die Befehle meines Herrn an Euch.

ROBERT *empört:* Befehle deines Herrn, so?! Und wer zum Teufel soll dieser Herr sein? Geh zu ihm und sag ihm, daß ich nicht in seinen Diensten stehe und keine Befehle von ihm entgegennehme. Ich bin der Herr von Baudricourt und lasse mir nichts sagen, außer von meinem König.

JOHANNA *beruhigt ihn:* Ja, Herr Ritter, das ist völlig in Ordnung. Mein Herr ist der König des Himmels.

ROBERT Bei Gott, sie ist verrückt. *Zum Verwalter:* Warum hast du mir das nicht gesagt, du Hornochse?

VERWALTER Herr von Baudricourt, ärgern Sie die Kleine nicht! Geben Sie ihr, was sie verlangt.

JOHANNA *ungehalten aber freundlich:* Alle sagen, ich sei verrückt, Herr Hauptmann, bis ich mit ihnen spreche. Ihr müßt verstehen: es ist Gottes Wille, daß Ihr das tut, was Er mir eingegeben hat.

ROBERT Es ist Gottes Wille, daß ich dich heimschicke, zu deinem Vater, mit dem Auftrag, dich hinter Schloß und Riegel zu stecken und dir diesen Unsinn auszuprügeln. Was hast du darauf zu sagen?

JOHANNA Ihr meint, daß Ihr das tun werdet, Herr Ritter, aber Ihr werdet feststellen, daß alles ganz anders kommt. Ihr habt auch gesagt, daß Ihr mich nicht empfangen würdet. Aber hier bin ich.

VERWALTER *hoffnungsvoll:* Sehen Sie?

ROBERT Halt's Maul!

VERWALTER *besiegt:* Sehr wohl.

ROBERT *zu Johanna, sauer über den Verlust an Sicherheit:* Ich habe dich also empfangen, und damit hast du gesiegt, wie?

JOHANNA *lieb:* Ja, Herr Ritter.

ROBERT *spürt, daß er an Boden verloren hat, stemmt seine beiden Fäuste auf den Tisch und kehrt seine Brust heraus, um durch eindruckheischende Haltung eine unwillkommene und nur allzu vertraute Empfindung zu unterdrücken:* Jetzt paß mal auf. Ich werde mit dir ein paar klare Worte reden!

JOHANNA *eifrig:* Bitte ja, Herr Hauptmann. Also das Pferd kostet sechzehn Franken. Das ist eine Menge Geld. Aber ich kann es an der Rüstung sparen. Gewiß finde ich eine, die mir einigermaßen paßt. Ich bin sehr kräftig und brauche keine schöne Rüstung nach Maß, wie die Eure. Ich brauche auch nicht viele Soldaten. Der Dauphin wird mir alles geben, was ich brauche, damit ich die Belagerung von Orléans aufheben kann.

ROBERT *traut seinen Ohren nicht:* Die Belagerung von Orléans aufheben?!

JOHANNA Ja, Herr Hauptmann. Dazu hat Gott mich nämlich hergeschickt. Ihr braucht mir nur drei Mann mitzugeben, wenn sie anständig und gut zu mir sind. Sie haben mir auch schon versprochen mitzukommen. Polly und Jean und . . .

ROBERT Polly?! Du unverschämtes Ding wagst es, hier vor mir den Ritter Bertrand von Poulengey Polly zu nennen?

JOHANNA Seine Freunde nennen ihn so, Herr Ritter. Ich wußte
nicht, daß er einen anderen Namen hat. Jean ...

ROBERT Es handelt sich wohl um Herrn Johann von Metz?

JOHANNA Ja. Jean möchte auch mitkommen. Er ist ein sehr netter
Mann und gibt mir Geld für die Armen. Ich glaube, Johann
Fürchtegott kommt auch mit, und Richard der Schütze, und ihre
Knappen, Jean von Honecourt und Julian. Ihr werdet keinerlei
Scherereien haben, Herr Hauptmann. Ich habe alles vorbereitet.
Ihr müßt nur den Befehl geben.

ROBERT *betrachtet sie, starr vor Staunen:* Gott verdamm' mich!

JOHANNA *unbeirrt und sanft:* Im Gegenteil, Herr Hauptmann, Gott
ist sehr barmherzig. Und die heilige Katharina und die heilige
Margareta, die sprechen jeden Tag mit mir – *er gafft sie an* – und
die werden für Euch beten. Ihr werdet ins Paradies kommen als
mein erster Helfer, und Euren Namen wird man nennen bis in alle
Ewigkeit.

ROBERT *zum Verwalter, immer noch völlig unschlüssig, aber er
schlägt einen anderen Ton an, denn er verfolgt einen neuen
Gedanken:* Ist das wahr, was sie da von Herrn von Poulengey
erzählt?

VERWALTER *eifrig:* Ja. Und auch das von Herrn von Metz. Sie wollen
beide mit ihr gehen.

ROBERT *nachdenklich:* Hm! *Er geht ans Fenster und ruft in den Hof:*
He! Ihr da! Schickt mir mal Herrn von Poulengey herauf! *Zu
Johanna:* Hinaus mit dir. Und warte im Hof!

JOHANNA *strahlt ihn an:* Gern, Herr Ritter. *Sie geht hinaus.*

ROBERT *zum Verwalter:* Geh mit ihr, du Hornochse! Bleib in
Rufweite, und behalte sie im Auge. Ich lasse sie später wieder
heraufholen.

VERWALTER Tun Sie das, in Gottes Namen, Herr von Baudricourt!
Denken Sie an die Hennen, die besten Leghennen der Champagne, und an ...

ROBERT Denk an meinen Stiefel und hüte dein Hinterteil!

*Der Verwalter zieht sich hastig zurück und steht plötzlich im
Türbogen Bertrand de Poulengey gegenüber, einem bleichen französischen Edelmann der bewaffneten Gattung. Er ist etwa sechs-
unddreißig Jahre alt und der Militärpolizei zugeteilt; verträumt,
geistesabwesend, spricht er nur selten, wenn er nicht angesprochen
wird, und auch dann langsam, mit einem gewissen Widerwillen.
Er ist demnach das Gegenteil des selbstbewußten, großmäuligen,
anscheinend energischen, im Grunde aber willensschwachen Ro-*

bert. Der Verwalter macht ihm Platz und verschwindet. Poulengey grüßt und bleibt stehen, in Erwartung eines Befehls.

ROBERT *jovial:* Nichts Dienstliches, Polly. Ein Gespräch unter Freunden. Setz dich! *Er holt mit dem Fuß den Schemel unter dem Tisch hervor.*

Poulengey tritt gelockert in den Raum, stellt den Schemel zwischen Tisch und Fenster, setzt sich darauf und grübelt. Robert sitzt halb auf dem Tischrand und beginnt ein freundliches Gespräch. Jetzt hör mal zu, Polly. Ich muß mit dir reden wie ein Vater. *Poulengey sieht ihn einen Augenblick lang ernst an, sagt aber nichts.* Es ist wegen dieser Kleinen, für die du dich interessierst. Ich habe sie eben hier gehabt. Ich habe mit ihr gesprochen. Erstens: sie ist verrückt. Aber gut, das macht nichts. Zweitens: sie ist kein Bauernmädchen. Sie ist ein Bürgermädchen. Das ist sehr wichtig. Ich kenne diese Schicht genau. Ihr Vater war im vorigen Jahr hier, um sein Dorf in einem Streitfall zu vertreten. Er gilt dort etwas. Er ist Landwirt. Keiner von diesen Amateur-Gutsbesitzern. Er verdient Geld und lebt davon. Immerhin: kein Arbeiter und kein Handwerker. Er könnte einen Vetter haben, der Advokat ist oder Pfarrer. Solche Leute zählen vielleicht gesellschaftlich nicht, aber sie können der Obrigkeit ziemlich zusetzen. Der Obrigkeit! Das bedeutet: mir! Dir scheint es natürlich ganz einfach, die Kleine zu entführen und ihr einzureden, daß du sie dem Dauphin vorstellst. Aber wenn du sie verführst, kannst du mich in schreckliche Verlegenheit bringen, denn ich bin nun einmal der Lehnsherr ihres Vaters und daher für ihr Wohl verantwortlich. Deshalb: Freundschaft hin oder her, Polly: Hände weg von ihr!

POULENGEY *mit gezielter Betonung:* Ich könnte ebensogut an die Heilige Jungfrau selbst in dieser Weise denken wie an dieses Mädchen.

ROBERT *rutscht vom Tisch herab:* Aber sie sagt, daß ihr, du und Jean und Richard, angeboten habt, mit ihr zu gehen. Wozu? Du willst mir doch nicht etwa einreden, daß du ihren verrückten Einfall, zum Dauphin zu gehen, ernst nimmst!

POULENGEY *langsam:* Sie hat ein Geheimnis. Unten in der Wachstube sind ein paar Kerle mit einer ziemlich schmutzigen Phantasie und dem entsprechenden Wortschatz. Aber es ist noch kein Wort gefallen, das sich auf sie als Frau bezieht. In ihrer Gegenwart vergeht ihnen das Fluchen. Sie hat ein Geheimnis. Irgend etwas. Einen Versuch ist es wert.

ROBERT Aber hör mal zu, Polly! Nimm dich zusammen! Gesunder

Menschenverstand war ja nie deine Stärke, aber das geht denn doch zu weit. *Er zieht sich angewidert zurück.*

POULENGEY *ungerührt:* Wozu taugt gesunder Menschenverstand? Wenn wir nur etwas davon hätten, würden wir uns dem Herzog von Burgund und dem englischen König anschließen. Sie haben das halbe Land besetzt, bis hinunter zur Loire. Paris gehört ihnen schon. Sogar dieses Schloß gehört ihnen. Du weißt genau, daß wir es dem Herzog von Bedford übergeben mußten, und daß du es nur gegen Ehrenwort behalten darfst. Der Dauphin ist in Chinon, wie eine Ratte im Loch, nur kämpfen will er nicht. Wir wissen noch nicht einmal, ob er überhaupt der Dauphin ist. Seine Mutter behauptet, er sei es nicht. Und sie müßte es ja schließlich wissen. Stell dir das vor! Die Königin leugnet die Legitimität ihres eigenen Sohnes.

ROBERT Na ja, sie hat ihre Tochter mit dem englischen König verheiratet. Da scheint es mir verzeihlich.

POULENGEY Ich verzeihe gern. Aber der Dauphin ist erledigt, und es ist ihre Schuld. Und wir müssen damit fertig werden. Die Engländer werden Orléans nehmen. Der Bastard wird sie nicht aufhalten können.

ROBERT Er hat die Engländer im vorletzten Jahr bei Montargis geschlagen. Ich war mit ihm.

POULENGEY Dennoch: seine Leute haben den Mut verloren, und er kann keine Wunder vollbringen. Ich sage dir: nichts kann unsere Sache jetzt retten als ein Wunder.

ROBERT Wunder sind ganz in Ordnung, Polly. Der einzige Haken ist nur, daß sie heutzutage nicht mehr geschehen.

POULENGEY Das habe ich auch gedacht. Jetzt bin ich nicht mehr so sicher. *Er steht auf und geht nachdenklich ans Fenster.* Jedenfalls: in einer solchen Zeit darf man nichts unversucht lassen. Das Mädchen hat ein Geheimnis.

ROBERT Ach! Du denkst doch nicht etwa, das Mädchen könne Wunder tun!?

POULENGEY Ich glaube, die Kleine ist selbst so etwas wie ein Wunder. Jedenfalls ist sie die letzte Karte in unserer Hand. Besser ausspielen als aufstecken. *Er geht ziellos auf den Türbogen zu.*

ROBERT *schwankend:* Glaubst du das wirklich?

POULENGEY *wendet sich um:* Was sollten wir denn sonst noch glauben?

ROBERT *geht auf ihn zu:* Hör mal, Polly: wenn du an meiner Stelle wärst, würdest du dich von so einem Kind um das Geld für ein Pferd bringen lassen? Sechzehn Franken?

POULENGEY Ich bezahle das Pferd.

ROBERT Wirklich?

POULENGEY Ja. Ich werde für meine Überzeugung einstehen.

ROBERT Ist dir der letzte Wurf wirklich sechzehn Franken wert?

POULENGEY Es ist kein Spiel.

ROBERT Was denn sonst?

POULENGEY Eine Gewißheit. Ihre Worte haben mich mitgerissen. Und ihr glühendes Gottvertrauen.

ROBERT *gibt ihn auf:* Ach – du bist schon genau so verrückt wie sie.

POULENGEY Wir brauchen jetzt ein paar Verrückte. Du siehst, wohin uns die Normalen gebracht haben.

ROBERT *dessen Unentschlossenheit offensichtlich von einer etwas gewaltsamen Entschlossenheit besiegt wird:* Ich werde ja wie ein heilloser Narr dastehn. Aber gut, wenn du so sicher bist . . .

POULENGEY Ich bin sicher genug, um sie nach Chinon zu führen. Falls du mich daran hinderst.

ROBERT Das ist nicht fair. Du lädst mir die Verantwortung auf.

POULENGEY Die trägst du, wie immer du entscheidest.

ROBERT Das ist es eben. Wie soll ich entscheiden? Du weißt ja gar nicht, in welcher Verlegenheit ich bin. *Er sucht nach einem Aufschub, in der unbewußten Hoffnung, daß Johanna die Entscheidung für ihn treffen werde.* Meinst du, ich soll noch mal mit ihr reden?

POULENGEY *steht auf:* Ja. *Er geht ans Fenster und ruft:* Johanna!

STIMME JOHANNAS Läßt er uns ziehen, Polly?

POULENGEY Komm herauf! Komm herein! *Er wendet sich zu Robert:* Soll ich dich mit ihr allein lassen?

ROBERT Nein. Bleib hier und hilf mir. *Poulengey setzt sich auf die Kiste. Robert geht zurück zu seinem Richterstuhl, bleibt aber stehen, um sich zu einer größeren Figur aufzublasen.*

JOHANNA *tritt ein, voller guter Nachrichten:* Jean bezahlt die Hälfte für das Pferd.

ROBERT Was?! *Er setzt sich, geschlagen.*

POULENGEY *ernst:* Setz dich, Johanna.

JOHANNA *ein wenig stutzig, sieht zu Robert hin:* Darf ich?

ROBERT Tu, was man dir sagt! *Johanna versucht ihren Knicks und setzt sich auf den Schemel zwischen beide. Robert überspielt seine Unruhe mit einer höchst gebieterischen Miene.* Wie heißt du?

JOHANNA *geschwätzig:* Also, in Lothringen nennen sie mich immer Jenny. Hier in Frankreich bin ich Johanna. Die Soldaten nennen mich: das Mädchen.

ROBERT Dein Familienname?

JOHANNA Familienname? Was ist das? Mein Vater nennt sich manchmal d'Arc, aber ich weiß eigentlich nicht warum. Ihr kennt doch meinen Vater. Er war ...

ROBERT Ja, ja, ich erinnere mich. Du kommst aus Domrémy in Lothringen, wenn ich nicht irre.

JOHANNA Ja. Aber ist denn das wichtig? Wir sprechen doch alle Französisch.

ROBERT Frage nicht, sondern antworte! Wie alt bist du?

JOHANNA Siebzehn. So sagt man. Vielleicht auch neunzehn. Ich erinnere mich nicht.

ROBERT Was hast du gemeint, als du sagtest, daß die heilige Katharina und die heilige Margareta täglich mit dir sprechen?

JOHANNA Das tun sie auch.

ROBERT Wie sehen die beiden aus?

JOHANNA *plötzlich hartnäckig:* Darüber sage ich Euch nichts. Sie haben es mir nicht erlaubt.

ROBERT Aber du siehst sie wirklich, und sie sprechen zu dir, so wie ich jetzt zu dir spreche?

JOHANNA Nein, ganz anders. Das kann ich nicht erklären. Über meine Stimmen dürft Ihr mit mir nicht sprechen.

ROBERT Wie meinst du das: Stimmen?

JOHANNA Ich höre Stimmen. Sie sagen mir, was ich zu tun habe. Sie kommen von Gott.

ROBERT Sie kommen aus deiner Phantasie.

JOHANNA Natürlich. So kommen die Botschaften Gottes zu uns.

POULENGEY Schachmatt.

ROBERT Noch längst nicht! *Zu Johanna:* Gott sagt dir also, du sollst die Belagerung von Orléans aufheben?

JOHANNA Und den Dauphin in der Kathedrale von Reims krönen.

ROBERT *schnappt nach Luft:* Den Dauphin krö ... Donnerwetter!

JOHANNA Und die Engländer aus Frankreich vertreiben.

ROBERT *sarkastisch:* Sonst noch etwas?

JOHANNA *bezaubernd:* Vorläufig nicht, danke schön, Herr Ritter.

ROBERT Meinst du wirklich, eine Belagerung aufzuheben sei so etwas wie eine Kuh aus einer Wiese vertreiben? Du stellst dir das sehr einfach vor, Soldat zu sein, nicht wahr?

JOHANNA Es kann eigentlich nicht sehr schwer sein. Man muß Gott auf seiner Seite haben und bereit sein, das Leben in Seine Hand zu legen. Aber viele Soldaten sind eben sehr dumm.

ROBERT *grimmig:* Dumm! Hast du jemals englische Soldaten kämpfen sehen?

JOHANNA Die sind auch nur Menschen. Gott hat sie genau so

gemacht wie uns. Aber er hat ihnen ihr eigenes Land und ihre eigene Sprache gegeben. Und es ist nicht Sein Wille, daß sie in unser Land kommen und versuchen, unsere Sprache zu sprechen.

ROBERT Wer hat dir diesen Unsinn in den Kopf gesetzt? Weißt du denn nicht, daß Soldaten ihrem Herrn untertan sind? Und es geht weder sie noch dich etwas an, ob dieser Herr nun Herzog von Burgund ist oder König von England oder von Frankreich. Was hat die Sprache damit zu tun?

JOHANNA Das verstehe ich aber ganz und gar nicht. Wir sind doch alle dem König des Himmels untertan. Er hat uns unsere Länder und unsere Sprache gegeben, und daran sollten wir uns halten. Wäre es nicht so, dann wäre es ja Mord, einen Engländer in der Schlacht zu töten. Und Ihr, Herr Ritter, kämet wahrscheinlich in die Hölle. Ihr sollt nicht an Eure Pflicht gegenüber Eurem irdischen König denken, sondern an Eure Pflicht gegenüber Gott.

POULENGEY Es hat keinen Zweck, Robert. Was du auch sagst, sie widerlegt dich.

ROBERT Meinst du! Beim heiligen Denis, das werden wir doch sehen! *Zu Johanna:* Reden wir nicht von Gott. Reden wir von praktischen Dingen: hast du jemals gesehen, wie englische Soldaten kämpfen? Hast du gesehen, wie sie plündern, brennen und das Land verwüsten? Hast du niemals Geschichten gehört von ihrem schwarzen Prinz, der schwärzer war als der Teufel selbst? Oder vom Vater des englischen Königs?

JOHANNA Hab doch keine Angst, Robert!

ROBERT Verdammt nochmal, ich habe keine Angst! Und wer hat dir eigentlich erlaubt, mich Robert zu nennen?!

JOHANNA So wurdest du doch in der Kirche getauft, im Namen unseres Herrn. All deine anderen Namen hast du von deinem Vater oder von deinem Bruder oder von sonst wem.

ROBERT Also . . .!!

JOHANNA Hör mal zu, Ritter: Wir zu Hause mußten aus Domrémy in ein Nachbardorf fliehen, vor den englischen Soldaten. Drei von ihnen hatte man verwundet zurückgelassen. Ich habe diese drei armen Gottverdammiche ganz gut kennengelernt. Sie waren nicht halb so stark wie ich.

ROBERT Weißt du auch, warum man sie Gottverdammiche nennt?

JOHANNA Nein. Jeder nennt sie so.

ROBERT Weil sie dauernd ihren Gott anrufen und um ewige Verdammnis bitten. Was sagst du dazu?

JOHANNA Gott wird ihnen gnädig sein. Und sie werden sich wie
seine guten Kinder verhalten, wenn sie in ihr eigenes Land zu-
rückkehren. Er hat es für sie geschaffen, und Er hat sie für das
Land geschaffen. Die Geschichte von dem schwarzen Prinzen
habe ich gehört. In dem Augenblick, als er den Boden unseres
Landes berührt hat, ist der Teufel in ihn gefahren und hat einen
schwarzen Satan aus ihm gemacht. Aber zu Hause, an dem Platz,
den Gott für ihn bestimmt hat, war er gut. So ist es immer. Wenn
ich gegen den Willen Gottes nach England ginge, um England zu
erobern und dort zu leben und englisch zu sprechen, würde der
Teufel auch in mich fahren. Und wenn ich einmal alt würde, dann
würde ich schaudern bei der Erinnerung an das Böse, das ich getan
habe.

ROBERT Möglich. Aber je mehr man vom Teufel in sich hat, desto
besser kämpft man. Das ist der Grund, warum die Gottverdamm-
miche Orléans nehmen werden. Weder du noch zehntausend wie
du können sie daran hindern.

JOHANNA Tausend wie ich können sie hindern. Zehn wie ich können
sie hindern, wenn Gott auf unserer Seite ist. *Sie erhebt sich lebhaft
und geht auf ihn zu, weil sie nicht mehr ruhig sitzen bleiben kann.*
Das verstehst du eben nicht, Ritter: Unsere Soldaten werden
immer besiegt, weil sie um ihre Haut kämpfen. Und die einfachste
Art, die eigene Haut zu retten, ist: davonzulaufen. Unsere Hauptleute denken nur an die Summen, die sie durch Lösegelder verdie-
nen können. Bei ihnen heißt es nicht: töten oder getötet werden,
sondern zahlen oder bezahlt werden. Aber ich werde ihnen allen
beibringen, wie man kämpft, und dann wird in Frankreich Gottes
Wille geschehen. Sie werden die armen Gottverdammiche vor sich
hertreiben wie Schafe. Du und Polly, ihr werdet den Tag erleben,
an dem es keinen englischen Soldaten mehr auf französischem
Boden gibt, und nur einen König. Keinen englischen Feudalkö-
nig, sondern einen französischen Gotteskönig.

ROBERT *zu Poulengey:* Vielleicht ist das alles Unsinn, Polly. Aber
die Truppen werden es vielleicht schlucken. Schließlich haben wir
selbst es nicht fertig gebracht, sie für den Krieg zu begeistern.
Vielleicht schluckt es sogar der Dauphin. Und wenn sie dem Mut
machen kann, sollte sie es auch bei anderen schaffen.

POULENGEY Man sollte es auf jeden Fall versuchen, findest du nicht?
Das Mädchen hat eben doch irgendein Geheimnis.

ROBERT *wendet sich an Johanna:* Jetzt hör mal zu, und – *eindring-
lich* – unterbrich mich nicht, bevor ich die Sache durchdacht
habe!

JOHANNA *plumpst wieder auf den Schemel wie ein gehorsames Schulmädchen:* Ja, Ritter!

ROBERT Dein Befehl lautet, daß du in Begleitung dieses Herrn und drei seiner Freunde nach Chinon gehst ...

JOHANNA *strahlt, klatscht in die Hände:* Oh Ritter, du hast einen Lichtschein um den Kopf, wie ein Heiliger!

POULENGEY Aber was tut sie, damit man sie vorläßt?

ROBERT *der sich wegen des Heiligenscheins ein wenig ängstlich an den Kopf gegriffen hat:* Ich weiß nicht! Was hat sie bei m i r getan, damit i c h sie vorlasse? Wenn der Dauphin sie draußen halten kann, hat er jedenfalls mehr Energie, als ich ihm zutraue. *Er steht auf.* Ich schicke sie nach Chinon. Soll sie ruhig sagen, ich habe sie geschickt. Was dann geschieht, ist mir gleich. Mehr kann ich nicht tun.

JOHANNA Und was ziehe ich an? Ich bekomme doch Soldatenkleider, oder nicht, Robert?

ROBERT Nimm dir, was du willst! Ich will mit der Sache nichts mehr zu tun haben.

JOHANNA *sehr angeregt von ihrem Erfolg:* Komm, Polly! *Sie rennt hinaus.*

ROBERT *schüttelt Poulengey die Hand:* Auf Wiedersehen, mein Lieber. Ich nehme eine große Verantwortung auf mich. Nicht viele hätten das getan. Aber, wie du sagst: sie hat ein Geheimnis.

POULENGEY Ja. Irgend etwas hat sie. Leb wohl. *Er geht ab. Robert, noch immer nicht sicher, ob er nicht von einem verrückten, dazu noch gesellschaftlich tief unter ihm stehenden Weibsbild zum besten gehalten wird, kratzt sich den Kopf und kommt langsam von der Tür zurück. Der Verwalter stürzt herein, mit einem Korb.*

VERWALTER Herr von Baudricourt! Herr von ...

ROBERT Was ist denn schon wieder los?

VERWALTER Die Hennen legen wie verrückt. Fünf Dutzend Eier!

ROBERT *strafft sich wie in einem Krampf, bekreuzigt sich, und seine bleichen Lippen stammeln die Worte:* Herr Jesus, der Du im Himmel bist – *laut, aber atemlos:* Sie kommt doch von Gott.

Vorhang.

Bernard Shaw: Die heilige Johanna. Dramatische Chronik in sechs Szenen und einem Epilog. Dt. von Wolfgang Hildesheimer. In: B. S.: Klassische Stücke in neuen Übersetzungen. Frankfurt a. M.: Suhrkamp, 1975. S. 439–452.

ANOUILHS Spiel, in dem sich dramatische Gegenwart und
Erinnerung, Traum und Wirklichkeit poetisch und ironisch
mischen, trägt einen Titel (»L'Alouette« – die Lerche), hinter
dem man kaum eine Dramatisierung des Lebens der Jeanne
d'Arc vermuten möchte. Er signalisiert aber die im Gegensatz
zu Legendenbildung und offizieller französischer Geschichts-
schreibung stehende Absicht Anouilhs: Sein Drama zielt auf
eine Entheroisierung, eine Vermenschlichung Johannas ab.
Sie ist »ein kleines Mädchen«, für das »ein ganzes Königreich«
»zuviel« ist, aus der am Ende aber »noch etwas Besonderes«
wird. Ihre Gegenspieler sind der König, Repräsentant der
Geschichte, und die Kirche, die in Johanna einen Feind sehen
muß, weil sie auf sich selbst vertraut, auf ihre Stimmen hört
und die Menschen, denen sie begegnet, liebt.

ERSTER TEIL

*Neutrale Vorhänge. Bänke. In einer Ecke ein Haufen Reisigbündel.
Die Bühne ist zuerst leer, dann treten die Darsteller in kleinen
Gruppen auf.*
*Die Kostüme sind angedeutet mittelalterlich, aber ohne besondere
Formen und Farben. Man soll sie im Laufe des Spiels nicht mehr
sehen. Jeanne trägt von Anfang bis Ende Männerkleidung, eine Art
sportlicher Überkleider. Beim Auftreten nehmen einige ihre Helme
oder sonstige Requisiten auf, die sie am Schluß der letzten Vorstellung irgendwo auf der Bühne liegengelassen hatten. Man setzt sich
auf die Bänke, die vorher zwanglos in die richtige Anordnung
gebracht wurden. Jeannes Mutter zieht sich in eine Ecke zurück und
strickt. Sie strickt während des ganzen Stückes, bis auf die Augenblicke, wo sie dran ist.*
Als letzte treten Cauchon und Warwick auf.

WARWICK *sehr jung, sehr charmant, sehr elegant, sehr rassig:* Alles
   da? ... Schön. Also dann sofort den Prozeß. Je schneller sie
   verurteilt und verbrannt wird, desto besser ist es. Für alle.
CAUCHON Aber mein Herr, es soll doch die ganze Geschichte
   gespielt werden. Domrémy, die Stimmen, Vaucouleurs, Chinon,
   die Weihe ...
WARWICK Maskeraden! Die schöne strahlende Rüstung, die Standarte, die zarte und tapfere Kriegsjungfrau, das sind Geschichten
   für die Kinder. In diesem Stil wird man ihr später Statuen errich-

ten, für die Notwendigkeiten einer neuen Politik. Es ist gar nicht
ausgeschlossen, daß wir ihr selbst in London ein Denkmal aufstel-
len. Nein, ich scherze nicht. In einigen Jahrhunderten könnten es
die Interessen der Regierung Seiner Majestät verlangen ... aber
für den Augenblick habe ich, Beauchamp Graf von Warwick,
meine kleine schmutzige Hexe auf dem Strohlager im Gefängnis
von Rouen liegen. Ich halte ihn fest, diesen kleinen Dickkopf,
der sich gegen den Lauf der Welt stemmen will, diese kleine, böse
Pest ... Ich habe sie teuer genug eingekauft. – Ich wäre mit einem
ganz vernünftigen Preis davongekommen, wenn ich sie direkt von
diesem Jean de Ligny hätte kaufen können. Der Herr ist in
ständiger Geldverlegenheit. Aber ich mußte mich an den Herzog
von Burgund halten. Er hatte das Geschäft vor uns gemacht, weil
er wußte, wie sehr uns an ihr gelegen war. Der Herzog, der war
nicht in Geldnot. Er hat es uns hart genug fühlen lassen. Aber die
Regierung Seiner Majestät hat noch immer jeden Preis bezahlt,
wenn sie auf dem Kontinent etwas haben wollte ... Es wird uns
noch teuer zu stehen kommen, dieses Frankreich ... Aber jetzt
hab ich sie, meine kleine Jungfrau. *Er gibt Jeanne, die in einer
Ecke kauert, mit seinem Stock einen leichten Stoß.* Für das bißchen
Mensch da war es ein schandbarer Preis. Aber jetzt hab ich sie.
Und ich verurteile und verbrenne sie!

CAUCHON Aber nicht sofort. Sie muß vorher noch ihr ganzes Leben
  spielen. Ihr kurzes Leben einer unerträglich hell strahlenden
  Flamme – die so bald verlöscht. Es dauert ja nicht lange, mein
  Herr.

WARWICK *setzt sich resigniert in eine Ecke:* Schön ... Wenn Ihr
  darauf besteht. Ein Engländer kann immer warten. *Er fragt etwas
  besorgt:* Aber Ihr werdet uns doch hoffentlich nicht mit ihren
  ganzen Schlachten langweilen? Orléans, Patay, Beaugency ... das
  wäre mir äußerst unangenehm.

CAUCHON *lächelt:* Keine Sorge, mein Herr, dafür sind wir zu
  wenige.

WARWICK Gut.

CAUCHON *wendet sich Jeanne zu:* Jeanne? *Sie blickt auf* Du kannst
  anfangen.

JEANNE Darf ich anfangen, wo ich will?

CAUCHON Ja.

JEANNE Dann ganz am Anfang. Der Anfang ist immer das Schönste.
  Im Haus meines Vaters, wie ich noch ganz klein bin ... auf dem
  Felde, wo ich die Schafe hüte und zum erstenmal die Stimmen
  höre. *Sie kauert noch immer in der gleichen Ecke. Die Darsteller,*

die in dieser Szene nichts zu tun haben, treten ins Dunkel zurück.
Nur der Vater, die Mutter und der Bruder Jeannes, die sich später
einmischen, treten vor. Die Mutter strickt immer weiter. Es ist
nach dem Abendläuten. Ich bin noch ganz klein und trage noch
Zöpfe. Ich denke an nichts. Ich denke höchstens, daß der blaue
Himmel drüben überm Hügel so weich und zart geworden ist,
daß man es kaum noch aushält. Ich denke an Gott, der so gut ist
und der mich rein und glücklich bei meinen Eltern und Brüdern in
diesem kleinen Flecken bei Domrémy leben läßt, den der Krieg
noch verschont hat, während überall im Land die Soldatenbanden
rauben, brennen und vergewaltigen. Ich denke an meinen großen
Hund, der seine Schnauze an meinen Rock wetzt und der stark
und gut ist. Alles um mich ist stark und gut und beschützt mich.
Wie einfach es doch ist, ein kleines glückliches Mädchen zu
sein! ... Und da plötzlich ist es mir, als berühre jemand meine
Schulter – und doch weiß ich, daß mich niemand berührt hat ...
und die Stimme sagt ...

JEMAND *ruft aus dem Hintergrund:* Wer macht die Stimmen?

JEANNE *als wäre es das Natürlichste:* Ich natürlich! *Sie fährt fort:* Ich
drehe mich herum, da steht ein großer, blendender Lichtschein
hinter mir. Die Stimme war ernst und sanft. Ich kannte sie nicht.
An diesem Tag sagte sie zu mir: »Jeanne, sei gut und brav und
gehe oft zur Kirche.« Ich war immer gut und brav und ging oft
zur Kirche. Deshalb verstand ich die Stimme nicht. Ich bekam
große Angst und lief davon. Das war das erste Mal. Ich sagte kein
Wort, als ich zu Hause ankam. *Schweigen. Sie denkt etwas nach,*
dann setzt sie hinzu: Ein wenig später kehrte ich mit meinem
Bruder zur Herde zurück, die ich allein gelassen hatte. Die Sonne
war untergegangen, und es war schon ganz dunkel. Bald darauf
geschah es zum zweitenmal. Das war beim Angelusläuten zu
Mittag. Wieder stand ein Licht hinter mir in der Sonne. Aber es
war viel stärker als die Sonne. Diesmal sah ich ihn.

CAUCHON Wen?

JEANNE Einen jungen Mann in einem schönen, frischgebügelten
Kleid – und mit zwei schneeweißen Flügeln. An diesem Tag sagte
er mir noch nicht seinen Namen. Später aber erfuhr ich, daß es der
heilige Herr Erzengel Michael war.

WARWICK *ungeduldig zu Cauchon:* Ist es wirklich unbedingt notwendig, daß sie uns nochmals diese albernen Märchen aufsagt?

CAUCHON *entschieden:* Es ist notwendig, mein Herr!

Warwick setzt sich schweigend in seine Ecke zurück und riecht an
einer Rose, die er in der Hand hält.

JEANNE *mit der lauten Stimme des Erzengels:* »Jeanne, komme dem König von Frankreich zu Hilfe und gib ihm sein Königreich zurück!« *Sie antwortet* »Aber Herr, ich bin nur ein armes Mädchen. Ich kann nicht reiten und kann doch keine Soldaten anführen.« »Gehe zu Herrn von Beaudricourt, dem Platzhauptmann von Vaucouleurs ...

Beaudricourt tritt aus der Gruppe heraus und will nach vorne. Da hält ihn ein anderer zurück und bedeutet ihm, daß er noch nicht dran ist.

... er gibt dir Männerkleider und führt dich zum Dauphin. Die Heilige Katharina und die Heilige Margareta werden dir beistehen.«

Jeanne bricht schluchzend zusammen: »Mitleid! Habt Mitleid, Herr! Ich bin ein kleines Mädchen, ich bin glücklich. Ich muß mich um nichts kümmern als um meine Schafe und um meinen großen Hund, der groß und stark ist und mir hilft. Erbarmt Euch, Herr! Ein ganzes Königreich ist zuviel für mich. Vergeßt nicht, ich bin klein, unwissend und schwach. Frankreich ist zu schwer für mich! Der König hat große Hauptmänner um sich, die stark sind und die in so was Übung haben. Die läßt man auch in Ruhe schlafen, wenn sie einmal eine Schlacht verloren haben. Die sagen einfach, es seien nicht genug Kanonen dagewesen, man habe sie nicht richtig unterstützt, der Wind oder der Schnee sei gegen sie gewesen. Und dann streichen sie in ihrer Liste alle die toten Männer aus. Aber ich, ich müßte die ganze Zeit daran denken, wenn ich jemand sterben ließe! ... Habt Erbarmen, Herr! ...«
Sie steht auf. In einem anderen Ton: Aber was! Keine Spur von Mitleid! Er war längst fort, und ich hatte Frankreich am Hals ...
Ganz schlicht setzt sie hinzu: Und dazu noch die Arbeit auf unserem Hof und meinen Vater, der keinen Spaß verstand.

Der Vater, der um die Mutter herumgegangen ist, poltert plötzlich los.

DER VATER Wo steckt die denn nur wieder?

DIE MUTTER *strickt weiter:* Sie ist auf dem Feld.

DER VATER Ich war auch auf dem Feld und bin nach Haus gekommen. Es ist sechs Uhr. Wo sie sich nur herumtreibt?

DER BRUDER *der im Nasenbohren einhält:* Jeanne? Die sitzt unterm Feenbaum und träumt. Ich sah sie, als ich den Stier heimtrieb.

DER ANKLÄGER *zu den anderen im Hintergrund:* Der Feenbaum! Bitte, nehmt das zur Kenntnis, meine Herren! Aberglaube! Blühende Hexerei ist das! Der Feenbaum!

CAUCHON Herr Ankläger, überall in Frankreich gibt es Feenbäume.
   In unserem eigenen Interesse müssen wir dem kleinen Mädchen
   ein paar gute Feen lassen.

DER ANKLÄGER *verärgert:* Wir haben unsere Heiligen. Das dürfte
   genügen!

CAUCHON *lenkt ein:* Sobald sie älter sind, gewiß. Aber wenn sie noch
   jung sind. Jeanne war damals erst fünfzehn.

DER ANKLÄGER Mit fünfzehn ist man ein ausgewachsenes Mädchen.
   Die kleinen Luder wissen schon alles.

CAUCHON Jeanne war damals rein und unschuldig. Ihr wißt, daß ich
   im Verlauf des Prozesses bezüglich ihrer Stimmen keine Nach-
   sicht walten lasse. Aber über die Feen ihrer frühen Mädchenzeit
   wollen wir doch hinwegsehen ... *und er schließt unmißverständ-
   lich:* Ich leite schließlich die Verhandlung.

   Der Ankläger verbeugt sich haßerfüllt und schweigt.

DER VATER *poltert wieder los:* Was macht sie unter dem Feenbaum?

DER BRUDER Da frag sie selbst. Sie schaut starr vor sich hin und
   träumt. Sie träumt, als erwarte sie irgendwas. Das ist nicht das
   erste Mal, daß ich sie so gesehen habe.

DER VATER *schüttelt ihn:* Warum hast du mir nichts gesagt, du Esel!
   Glaubst du in deinem Alter noch an träumende Mädchen? Sie
   erwartet nicht irgendwas, sondern irgendwen! Sie hat einen Liebhaber, die Jeanne! Gebt mir meinen Stock!

DIE MUTTER *strickt und sagt beruhigend:* Aber Vater, du weißt, daß
   Jeanne unschuldig wie ein Kind ist.

DER VATER Alle Mädchen sind unschuldig wie die Kinder. Sie geben
   dir die Stirn zum Gutenachtkuß mit hellen, klaren Augen, in
   denen du bis auf den Grund alles lesen kannst. Doch eines
   Morgens – aus! Du hast den Schlüssel zweimal herumgedreht und
   sie eingesperrt – du weißt nicht, was geschehen ist, aber in ihren
   Augen kannst du nichts mehr lesen. Sie weichen deinem Blick aus
   und lügen. Plötzlich sind sie Teufel geworden.

DER ANKLÄGER *hebt den Finger:* Das Wort ist gefallen, meine
   Herren, durch ihren leiblichen Vater!

DIE MUTTER Woher weißt du das? Jeanne war unschuldig, als sie
   heute früh aufs Feld ging ... und ich, als du in das Haus meines
   Vaters kamst, ich war auch unschuldig. Wie waren denn meine
   Augen am nächsten Morgen?

DER VATER *brummt:* Genauso. Aber davon reden wir ja nicht.

DIE MUTTER Dann hast du also außer mir noch andere gehabt, mein
   Herzchen? Davon hast du mir noch nie erzählt!

DER VATER *schreit, weil es ihm peinlich ist:* Es handelt sich nicht um
dich und nicht um die anderen, sondern um Jeanne! Gib mir
meinen Stock. Ich hole sie nach Hause. Und wenn sie einen Kerl
bei sich hat, dann schlag ich sie tot, alle beide!

JEANNE *lächelt:* Ja, es war jemand bei mir. Aber mein Geliebter hatte
zwei große weiße Flügel und ein schönes frischgebügeltes Kleid.
Und mit seiner ernsten Stimme wiederholte er: »Jeanne! Jeanne!
Was zögerst du? Schweres Leid liegt über Frankreich!«
»Ich habe Angst, Herr. Ich bin nur ein armes Mädchen. Ihr habt
Euch getäuscht.«
»Kann Gott sich täuschen, Jeanne?« *Sie wendet sich den Richtern
zu:* Darauf konnte ich doch nicht mit ja antworten?

DER ANKLÄGER *zuckt die Achseln:* Du hättest dich bekreuzigen
sollen.

JEANNE Das tat ich, und der Erzengel tat es auch und sah mir dabei
tief in die Augen.

DER ANKLÄGER Du hättest ihn anschreien sollen: »Vade retro Sa-
tanas!«

JEANNE Ich kann nicht Lateinisch, Herr!

DER ANKLÄGER Stell dich nicht so dumm! Der Teufel versteht sehr
gut Französisch. Du hättest rufen sollen: Hinweg mit dir, du
stinkender Teufel, führe mich nicht in Versuchung!

JEANNE *schreit:* Aber es war doch der Heilige Michael, Herr!

DER ANKLÄGER Das hat er dir weisgemacht, du kleines Schaf! Und
du hast es ihm sofort geglaubt.

JEANNE Gewiß. Es konnte auch gar nicht der Teufel sein. Er war so
schön.

DER ANKLÄGER *springt auf, außer sich:* Eben deshalb. Der Teufel ist
schön.

JEANNE *entsetzt:* Oh, Herr ...

CAUCHON *der mit einer Geste den Ankläger beruhigt:* Ich fürchte,
mein Herr, daß solche theologischen Feinheiten vielleicht der
Erörterung unter geistlichen Herren wert wären – aber daß sie das
Begriffsvermögen dieses armen Mädchens weit überschreiten.

JEANNE *schreit dem Ankläger zu:* Jetzt hast du gelogen, Mönch! Ich
bin nicht so gelehrt wie du, aber ich, ich weiß, daß der Teufel
häßlich ist und daß alles Schöne das Werk Gottes ist.

DER ANKLÄGER *spöttisch:* Das wäre zu einfach. Und auch zu dumm.
Glaubst du denn, daß der Teufel dumm ist? Er ist tausendmal
klüger als du und ich zusammen. Glaubst du, er erscheint als ein
aussätziges Ungeheuer, als ein geiferndes Einhorn, wenn er eine
Seele verführen will? Vielleicht in den Kindermärchen. In Wirk-

lichkeit sucht sich der Teufel die lindeste, die hellste, die düfte-
schwangerste und trügerischste Nacht des ganzen Jahres aus. Und
er nimmt die Züge eines herrlichen Mädchens an, das nackt
daliegt, mit hochaufgerichteten Brüsten, unerträglich schön
und ...

CAUCHON *unterbricht ihn streng:* Ihr verirrt Euch, Herr Kanonikus!
Jetzt habt Ihr Euch sehr weit vom Teufel unserer Jeanne entfernt,
falls sie wirklich einen gesehen hat. Ich bitte Euch, lassen wir die
Teufel eines jeden einzelnen aus dem Spiel.

DER ANKLÄGER *faßt sich wieder und sagt, während die anderen
lächeln:* Ich bitte um Verzeihung, aber es gibt nur einen Teufel.

CAUCHON Außerdem sind wir noch nicht soweit. Wir werden sie
später darüber befragen. Fahre fort, Jeanne.

JEANNE *bestürzt über die Worte des Anklägers:* Aber wenn der
Teufel schön ist, woher weiß man denn, daß es der Teufel ist?

DER ANKLÄGER Indem du deinen Pfarrer fragst.

JEANNE Und allein kann man es nie wissen?

DER ANKLÄGER Nein. Deshalb gibt es kein Heil außerhalb der
Kirche.

JEANNE Aber unsereins hat doch nicht überall seinen Pfarrer bei sich
so wie die Reichen. Für die Armen ist das sehr schwer.

DER ANKLÄGER Es ist für jeden schwer, nicht verdammt zu werden.

CAUCHON Herr Ankläger, lassen Sie sie jetzt in Ruhe mit ihren
Stimmen sprechen. Das ist der Anfang der Geschichte. Daraus
kann man ihr noch keinen Vorwurf machen.

JEANNE *fährt fort:* Ein anderes Mal waren die Heilige Margareta und
die Heilige Katharina gekommen. *Mit einem Anflug von Spott
sagt sie zum Ankläger:* Auch die beiden waren wunderschön!

DER ANKLÄGER Waren sie nackt?

JEANNE *lächelt:* Oh, Herr! Glaubt Ihr, unser himmlischer Vater
wäre nicht reich genug, seinen Heiligen schöne Kleider zu
schenken?

*Alles lacht leise über die Antwort, und der Ankläger setzt sich
etwas betreten.*

CAUCHON Sie sehen, Herr Ankläger, daß alles über Ihre Fragen
lächelt. Mischen Sie sich jetzt weiterhin nicht mehr ein, bis wir
den Dingen auf den Grund gegangen sind. Und vergessen Sie vor
allem nicht, daß wir bei jedem Urteil für die Seele verantwortlich
sind, die in diesem kleinen, zerbrechlichen Körper wohnt ...
Welche Verwirrung können Sie da in diesem jungen Gehirn

anrichten, wenn Sie unterstellen, daß das Gute und das Böse nur eine Frage der Kleidung ist! Unsere Heiligen sind in ihren gebräuchlichen Darstellungen zwar bekleidet, gewiß, aber ...

JEANNE *ruft dem Ankläger zu:* Unser Herr am Kreuz ist wohl nackt!

CAUCHON *wendet sich Jeanne zu:* Du hast mir das Wort von der Zunge genommen, Jeanne, aber mich dabei unterbrochen. Eine Zurechtweisung unseres ehrbaren Kanonikus steht dir nicht zu. Du vergißt, wer du bist und wer wir sind. Deine Hirten, deine Herren – und deine Richter. Hüte dich vor deinem Stolz, Jeanne. Wenn dich eines Tages der böse Dämon befallen sollte, so wird er sich deines Stolzes zu bedienen wissen.

JEANNE *ruhig:* Ich weiß, ich bin stolz ... Aber ich bin ein Kind Gottes. Wenn er nicht gewollt hätte, daß ich stolz werde, so hätte er mir nicht seinen flammenden Erzengel und die strahlenden Heiligen gesandt. Warum hätte er mir dann versprochen, daß ich alle diese Männer überzeugen kann – die ich dann tatsächlich überzeugt habe –, Männer, die nicht weniger klug und weise sind als Ihr? Warum hat er mir dann durch meinen König die schöne weiße Rüstung gegeben und das stolze Schwert? Warum hat er mich dann alle diese Tapferen mitten durch den Kugelregen führen lassen, wobei ich aufrecht auf meinem Pferd saß? Er hätte mich bloß bei meinen Schafen und bei den Wollknäueln meiner Mutter lassen sollen, und niemals wäre ich stolz geworden.

CAUCHON Wäge deine Worte, Jeanne, wäge deine Gedanken! Jetzt klagst du deinen Gott an.

JEANNE *bekreuzigt sich:* Davor behüte er mich! Ich sagte nur, daß sein Wille geschehe, selbst wenn er mich stolz machen und mich verdammen lassen will.

DER ANKLÄGER *kann sich nicht mehr zurückhalten:* Grauenvoll! Was sie da sagt, ist grauenvoll! Kann Gott eine Seele verdammen wollen? Und Ihr, meine Herren, hört Ihr ohne Schaudern zu? Ich sehe hier den Keim einer schrecklichen Häresie, die eines Tages unsere Kirche spalten könnte!

Der Inquisitor ist aufgestanden. Er ist ein klug aussehender Mann, mager und hart. Er spricht ganz ruhig und milde.

DER INQUISITOR Paß gut auf, was ich dich jetzt frage, Jeanne. Glaubst du dich in diesem Augenblick im Stand der Gnade?

Es entsteht ein Schweigen. Alle Priester starren gespannt auf Jeanne. Es muß also eine gefährliche Frage sein.

LADVENU *steht auf:* Herr Inquisitor, das ist eine furchtbare Frage für ein einfaches Mädchen, das ehrlich daran glaubt, Gott habe sie auserwählt. Ich fordere deshalb, daß ihre Antwort in keinem Falle gegen sie ausgelegt wird, da sie ihre Tragweite nicht ermessen kann.

DER INQUISITOR Schweigt, Bruder Ladvenu! Ich frage, was mir richtig erscheint. Sie soll antworten. Glaubst du dich im Stand der Gnade, Jeanne?

JEANNE Bin ich es nicht, so möge mich Gott in sie versetzen, bin ich es, so möge mich Gott darin bewahren.

Murmeln der Priester. Der Inquisitor setzt sich mit undurchdringlicher Miene. Ladvenu ruft ihr freundlich zu.

LADVENU Gut geantwortet, Jeanne!

DER ANKLÄGER *brummt, über Jeannes Erfolg verärgert:* Was besagt das schon? Der Teufel ist gerissen, oder wäre nicht der Teufel. Glaubt Ihr, man hätte ihm diese Frage zum ersten Mal gestellt? Ich kenne ihn. Er hält auf alles eine Antwort bereit.

WARWICK *der sich langweilt, sagt unvermittelt zu Cauchon:* Mein Herr, das alles mag gewiß sehr aufschlußreich sein, obwohl ich persönlich kaum viel mehr davon verstehe als dieses Mädchen. Aber wenn wir so weitermachen, kommen wir nie bis zum Prozeß. Dann werden wir sie nie verbrennen. Sie soll sie spielen, ihre kleine Geschichte, nachdem es anscheinend unumgänglich ist – aber rasch, damit wir bald zum Wesentlichen kommen. Die Regierung Seiner Majestät steht vor der dringenden Notwendigkeit, daß dieser lausige König Karl bloßgestellt wird. Die christliche Welt soll schnellstens erfahren, daß seine Krönung nur ein Mummenschanz war, angeführt von einer Hexe, einer Häretikerin, einer Abenteuerin, einem Soldatenmädchen.

CAUCHON Mein Herr, wir verurteilen sie nur als Häretikerin.

WARWICK Ich weiß. Aber ich brauche ein wenig mehr – für meine Soldaten. Ich fürchte, die Begründungen Eures Urteils sind etwas zu hoch für meine Leute. Die Propaganda ist eine äußerst summarische Angelegenheit, Herr Bischof. Die Hauptsache ist, daß man etwas sehr Triviales sagt und es genügend oft wiederholt. Nur so schafft man eine Wahrheit. Dies mag für Euch ein neuer Gedanke sein, aber er wird seinen Weg machen, dessen bin ich gewiß. Für mich ist es notwendig, daß aus diesem Mädchen eine gänzlich bedeutungslose Erscheinung wird ... wer auch immer sie sein mag. Was sie in Wirklichkeit ist, das bleibt für die Regierung Seiner Majestät belanglos. Ganz persönlich möchte ich Euch sogar nicht verhehlen, daß sie mir eher recht sympathisch ist in ihrer

Art, mit der sie Euch allen über den Mund fährt. Außerdem reitet
sie gut, was man bei Frauen selten findet. Sie ist ein Mädchen, mit
dem ich unter anderen Umständen, wenn sie meines Standes wäre,
mit größtem Vergnügen zur Fuchsjagd ausgeritten wäre. Aber
leider hatte sie als erste den Einfall zu diesem herausfordernden
Krönungstheater ... Mein Gott, was für eine Unverfrorenheit!
Auf unsere Kosten einen König salben lassen, noch dazu einen
Valois! Und das in Reims, in unserem Land! Uns den Bissen
einfach von der Gabel nehmen und England das Erbe stehlen! Nur
gut, daß Gott mit dem englischen Recht ist. Er hat es bei
Azincourt gezeigt. Gott und unser Recht! Diese beiden Begriffe
sind jetzt nicht mehr zu trennen. Laßt sie also schnell ihr kleines
Märchen erzählen, und verbrennt sie, damit nicht mehr von ihr
geredet wird. Ich machte vorhin Spaß. In zehn Jahren wird die
Welt diese Geschichte längst vergessen haben.

CAUCHON *seufzt:* Gott gebe es, mein Herr!

WARWICK Wo waren wir stehengeblieben?

DER VATER *kommt mit seinem Stock:* Gerade da, wo ich sie erwische
unter ihrem Feenbaum, das kleine Luder! Aber diesmal setzt es
was, das verspreche ich euch! *Er stürzt sich auf Jeanne und reißt
sie roh am Handgelenk hoch.* Was tust du da? Antworte sofort,
was du hier tust. Die Suppe steht schon auf dem Tisch!

JEANNE *hebt wie ein kleines Mädchen schützend die Hand vors
Gesicht und stammelt verlegen:* Ich wußte nicht, daß es schon so
spät ist. Ich habe das Gefühl für die Zeit verloren.

DER VATER *schüttelt sie und brüllt:* Was hast du verloren? Das Gefühl
für die Zeit! Hoffentlich hast du nichts anderes verloren, was du
nicht sagen kannst! *Er beutelt sie hin und her.* Bei wem hast du es
verloren, dein Gefühl für die Zeit, du liederliches Frauenzimmer?
Du hast mit jemandem gesprochen und ihm Adieu nachgerufen,
ich hab's gehört! Diesmal ist er mir noch einmal entwischt, aber
der kann sich auf was gefaßt machen, dieser Dreckskerl! Mit wem
hast du gesprochen? Antworte! Oder ich schlag dich windel-
weich!

JEANNE Mit dem Heiligen Michael!

DER VATER *gibt ihr eine schallende Ohrfeige:* Da! Ich werde dir
helfen, deinen Vater zum Narren halten! Ah! Mit dem Heiligen
Michael triffst du dich also! Da sitzt du jeden Abend mit ihm
unterm Baum, während deine Familie voll Sorgen auf dich wartet!
Willst du auch schon so anfangen wie die anderen, statt daß du
deinen Eltern bei der Arbeit hilfst und später einen anständigen
Mann heiratest? Aber warte, meine Heugabel stoß ich ihm in den

Bauch, deinem Heiligen Michael. Und dich ersäufe ich eigenhändig wie eine läufige Katze!

JEANNE *antwortet ruhig auf diese Schimpfkanonade:* Ich habe nichts Böses getan, Vater. Es war der Heilige Michael, der zu mir gesprochen hat.

DER VATER Und wenn du mit einem dicken Bauch heimkommst, wenn deine Mutter vor Kummer stirbt und das ganze Dorf mit den Fingern auf uns zeigt, dann war's wohl der Heilige Geist, was? Aber das werd ich dem Pfarrer sagen! Du bist nicht nur liederlich, du lästerst auch noch! Man wird dich bei Wasser und Brot in ein finsteres Kloster sperren.

JEANNE *kniet vor ihm nieder:* Vater, hör zu schreien auf. Du kannst mich nicht verstehen. Ich schwöre bei Gott, daß ich die Wahrheit sage. Schon seit langem kommen sie zu mir, jedesmal zum Angelusläuten am Mittag und am Abend. Und immer, wenn ich bete, wenn ich ganz rein und Gott am nächsten bin. Das muß wahr sein. Der Heilige Michael erscheint mir, dann die Heilige Margareta und die Heilige Katharina. Sie sprechen mit mir, sie antworten, wenn ich frage, und sagen alle drei das gleiche.

DER VATER Ausgerechnet mit dir soll er reden, der Heilige Michael, du Schaf. Mit mir spricht er ja auch nicht! Und ich bin dein Vater! Wenn er uns etwas zu sagen hätte, so würde er sich wohl zuerst an mich gewendet haben. Schließlich bin ich das Familienhaupt. Und spricht er vielleicht mit unserem Pfarrer?

JEANNE Vater, bitte schlage und schreie nicht. Versuche ein einziges Mal, mich zu verstehen. Ich bin so klein, so allein, und es ist so schwer. Seit drei Jahren wehre ich mich, doch seit drei Jahren sagen sie immer das gleiche. Ich kann nicht mehr mit diesen Stimmen streiten. Ich muß es jetzt tun.

DER VATER *platzt los:* Stimmen hörst du jetzt? Das ist der Gipfel! Meine Tochter hört Stimmen! Da bringt man sich vierzig Jahre lang bei der Arbeit um, damit aus den Kindern anständige Christenmenschen werden – und da hat man plötzlich eine Tochter, die Stimmen hört!

JEANNE Sie sagen, die Sache vertrüge keinen Aufschub mehr. Ich muß jetzt ja sagen.

DER VATER Was verträgt keinen Aufschub mehr? Was sollst du denn tun? Ihre Stimmen!

JEANNE Sie sagen, ich solle das Königreich Frankreich retten, das in Todesgefahr schwebt. Ist das wahr?

DER VATER Freilich schwebt es in Todesgefahr, unser Frankreich. Wir hier im Osten können ein Lied davon singen. Aber es ist nicht das erste Mal und bestimmt nicht das letzte Mal, daß es in Todesgefahr schwebt. Doch irgendwie kommt Frankreich immer wieder aus der Klemme, wenn man es dem lieben Gott überläßt. Was kann ein kleines Mädchen wie du da machen!? Selbst ein Mann, der das Kämpfen nicht als Handwerk erlernt hat, kann da nichts machen.

JEANNE Ich, ich kann es. Meine Stimmen sagen es mir.

DER VATER *verspottet sie:* Du, du kannst es? Du willst also schlauer sein als alle unsere großen Hauptleute, die an allen Ecken und Enden Schläge einstecken müssen!

JEANNE Ja, Vater.

DER VATER *äfft sie nach:* Ja, Vater! Vielleicht bist du gar keine Hure, sondern noch etwas Schlimmeres. Du bist eine Verrückte! Was willst du denn, du arme Irre?

JEANNE Was mir meine Stimmen sagen. Zuerst eine bewaffnete Eskorte von Herrn von Beaudricourt verlangen ...

Als sein Name fällt, stößt Beaudricourt ein »Ah!« der Genugtuung aus und will nach vorne kommen. Man flüstert ihm zu: »Nein, noch nicht, später, später!« – und zieht ihn wieder zurück.

... Wenn ich meine Eskorte habe, dann geh ich zum Dauphin nach Chinon. Ich sage ihm, daß er der wahre König ist, und führe ihn an der Spitze seiner Soldaten nach Orléans, damit er die Stadt von den Engländern befreit. Darauf lasse ich ihn in Reims vom Herrn Erzbischof mit dem Heiligen Öl zum König salben, und dann wird er die Engländer ins Meer treiben.

DER VATER *der plötzlich versteht:* Ah, endlich läßt du die Katze aus dem Sack, du Frauenzimmer! Mit den Soldaten willst du gehen, wie die Letzte der Letzten!

JEANNE *lächelt geheimnisvoll:* Nein, Vater, wie die Erste, allen voran, inmitten des Pfeilregens, ohne jemals umzublicken, bis ich Frankreich gerettet habe. *Traurig setzt sie hinzu:* Dann mag kommen, was Gott gefällt.

DER VATER *außer sich:* Frankreich retten! Frankreich retten! Und wer hütet inzwischen meine Kühe? Meinst du, ich hätte dich erzogen und alle Opfer gebracht, damit du mit den Soldaten ein lustiges Leben führen kannst, jetzt, wo du endlich im Alter bist, daß du auf dem Hof mithelfen kannst? Warte, dir werd ich zeigen, wie man Frankreich rettet! *Er stürzt sich auf sie und bearbeitet sie mit Schlägen und Fußtritten.*

JEANNE *schreit und stampft:* Hör auf, Vater, hör auf! Hör auf! *Der*

Vater hat seinen Gürtel abgeschnallt, schlägt auf sie ein und atmet laut vor Anstrengung.

LADVENU *ist aufgesprungen:* So haltet ihn doch! Er tut ihr weh!

CAUCHON *ruhig:* Wir können nichts tun, Bruder Ladvenu. Wir sind nicht dabei. Wir lernen Jeanne erst beim Prozeß kennen. Wir können nur unsere Rollen spielen, jeder die seine, ob sie gut oder schlecht ist, wenn das Stichwort da ist. *Und er setzt hinzu:* Und wir werden ihr später noch viel mehr wehtun, das wißt Ihr. *Er wendet sich an Warwick:* Unangenehm, diese Familienszene, nicht wahr?

WARWICK *mit einer Geste:* Wieso? Wir in England sind sehr für die körperliche Züchtigung der Kinder. Das formt den Charakter. Mich selber hat man halb totgeprügelt, und es hat mir sehr gut getan.

DER VATER *hat erschöpft eingehalten, wischt sich den Schweiß von der Stirn und schreit Jeanne an, die halb bewußtlos zu seinen Füßen liegt:* Ah! Du verdorbenes Aas! Willst du noch immer Frankreich retten? *Er wendet sich etwas verlegen an die anderen:* Was hättet ihr an meiner Stelle getan, wenn euch eure Tochter so was gesagt hätte?

WARWICK *wendet den Blick von diesem Bauerntölpel und spricht phlegmatisch weiter:* Nur eines bekümmert und überrascht mich. Die Langsamkeit unseres Nachrichtendienstes bei dieser Geschichte. Wir hätten uns von Anfang an mit diesem Mann da verständigen sollen.

CAUCHON *lächelt:* Gewiß. Aber so was konnte man wohl nicht voraussehen.

WARWICK Ein guter Nachrichtendienst muß alles voraussehen. Ein kleines, erleuchtetes Mädchen in einem Bauernhof spricht davon, daß es Frankreich retten will. Das muß man wissen, muß sich sofort mit dem Vater in Verbindung setzen, damit er sie ein wenig einsperrt und damit die Geschichte im Keim erstickt wird. Man darf nicht so lange warten, bis sie es wirklich tut . . . Das kommt dann viel zu teuer. *Er riecht wieder an seiner Rose.*

DIE MUTTER *ist nach vorne gekommen:* Hast du sie totgeschlagen?

DER VATER Diesmal noch nicht. Aber wenn sie noch einmal sagt, daß sie mit den Soldaten fort möchte, dann ersäufe ich sie eigenhändig in der Maas, deine Tochter! Verstehst du, eigenhändig! Und wenn ich nicht da bin, dann soll es einer ihrer Brüder tun. *Er geht mit großen Schritten weg.*

Die Mutter beugt sich über Jeanne und wischt ihr das Gesicht ab.

DIE MUTTER Jeanne ... meine kleine Jeanne ... Jeannette! ... Hat er
dir wehgetan?

JEANNE *die zuerst erschrickt, erkennt jetzt ihre Mutter. Mit einem
kleinen armseligen Lächeln antwortet sie:* Ja. Er hat fest zuge-
schlagen.

DIE MUTTER Du mußt es geduldig ertragen. Er ist dein Vater.

JEANNE Ich ertrage es. Und während er auf mich einschlug, habe ich
für ihn gebetet. Damit ihm Gott verzeiht.

DIE MUTTER *etwas betreten:* Gott muß den Vätern nicht verzeihen,
die ihre Töchter schlagen. Das ist ihr Recht.

JEANNE *vollendet:* Und damit er versteht.

DIE MUTTER *streichelt sie:* Damit er was versteht, mein Kleines?
Warum hast du ihm auch diese ganzen Dummheiten erzählt?

JEANNE *schreit angstvoll:* Aber irgendwer muß es doch verstehen,
Mutter. Allein kann ich es nicht!

DIE MUTTER *wiegt sie im Arm:* Komm, komm, sei ruhig. Schau,
schmieg dich ein wenig an mich, so wie damals, als du noch klein
warst ... Mein Gott, wie du gewachsen bist! Ich kann dich kaum
noch im Arm halten. Aber du bleibst trotzdem mein kleines
Mädchen, das immer an meinem Rock hing und mir in die Küche
nachlief. Und ich gab dir immer eine Karotte zum Schaben oder
einen kleinen Teller zum Abtrocknen, damit du alles genauso wie
ich machst. Mit deinen Brüdern war das anders. Die waren
Männer wie dein Vater. Man soll es nie versuchen, den Männern
was verständlich zu machen. Man muß ja sagen, aber nachher,
wenn sie fort aufs Feld gegangen sind, dann ist man ja doch die
Herrin im Haus. Ich sollte dir so was nicht sagen, aber jetzt bist
du ja groß und fast schon eine Frau. Dein Vater ist gut und
gerecht, aber wenn ich nicht manchmal ein wenig schwindelte –
nur zu seinem eigenen Vorteil –, glaubst du, ich käme sonst
zurecht? *Sie flüstert ihr ins Ohr:* Ich hab vom Haushaltsgeld was
zurückgelegt. Ein bißchen von hier, ein bißchen von dort. Wenn
du willst, kauf ich dir das nächste Mal ein gesticktes Halstuch. Da
wirst du schön sein.

JEANNE Schön sein will ich ja gar nicht.

DIE MUTTER Ich war auch einmal verrückt. Mein Gott, ich könnte
dir was erzählen! Schließlich sind wir jetzt Freundinnen. Auch ich
habe einmal einen geliebt, vor deinem Vater. Er war so schön und
stark. Aber es war eben nicht möglich. Er ist zu den Soldaten
gegangen, und ich bin später trotzdem glücklich geworden. Sag,
wer ist's denn? Hab keine Geheimnisse vor deiner Mutter. Ge-
traust du dich nicht, seinen Namen zu sagen? Aber aus unserem

Dorf ist er doch wohl? Vielleicht wäre dein Vater sogar einverstanden. Gegen eine gute Heirat hat er ja nichts. Man müßte ihm eben glauben machen, daß er ihn für dich ausgesucht hat, du kleines Gänschen, du. Die Männer schreien zwar und kommandieren und schlagen – aber man führt sie doch alle an der Nase ...

JEANNE Ich will nicht heiraten, Mutter. Der Heilige Michael hat mir gesagt, daß ich fort muß, daß ich Männerkleider anlegen und unseren Herrn, den Dauphin, aufsuchen soll, damit er Frankreich rettet.

DIE MUTTER *streng:* Jeanne, ich meine es gut mit dir. Aber mir darfst du solche Geschichten nicht erzählen! Nie laß ich dich in Männerkleidern herumlaufen. Meine Tochter in Männerkleidern! Das wollte ich sehen!

JEANNE Aber Mutter, das muß ich doch, wenn ich mit den Soldaten reiten soll. Der Heilige Michael befiehlt mir das!

DIE MUTTER Der Heilige Michael kann befehlen, was er will, du steigst mir auf kein Pferd! Jeanne d'Arc auf einem Pferd! Das gäbe eine schöne Geschichte im Dorf!

JEANNE Aber das Fräulein von Vaucouleurs reitet auch, wenn sie zur Falkenjagd geht.

DIE MUTTER Du steigst auf kein Pferd! Das schickt sich nicht für dich! So was von Größenwahn!

JEANNE Aber wenn ich nicht reiten darf, wie soll ich dann die Soldaten anführen?

DIE MUTTER Du wirst auch nicht zu den Soldaten gehen, du verdorbenes Geschöpf! Lieber sähe ich dich tot! Du siehst, ich denke wie dein Vater! Darin sind wir uns einig. Ein Mädchen stickt, webt, wäscht und bleibt im Haus. Deine Großmutter ist nie aus unserem Dorf herausgekommen und ich auch nicht. Für dich gibt es nichts anderes, und wenn du eine Tochter hast, dann wirst du ihr das gleiche beibringen. *Sie schluchzt plötzlich laut auf:* Mit den Soldaten fortgehen! Was hab ich nur getan, daß mir der Himmel eine solche Tochter gibt! Willst du denn, daß ich tot umfalle?

JEANNE *wirft sich weinend in ihre Arme:* Nein, Mutter, nein ... *Dann richtet sie sich wieder auf und ruft unter Tränen, während sich ihre Mutter entfernt:* Ihr seht, Heiliger Michael, es ist nicht möglich. Sie werden es nie begreifen. Niemand wird es jemals verstehen. Es ist besser, wenn ich es sofort aufgebe. Der Herr hat gesagt, daß man Vater und Mutter gehorchen muß. *Sie antwortet mit der Stimme des Erzengels.*

»Vorwärts, Jeanne, vorwärts, man muß Gott gehorchen!«

»Aber wenn Gott das Unmögliche befiehlt?«

»Dann muß man getrost das Unmögliche versuchen. Beginne, Jeanne, mehr fordert dein Gott nicht. Alles Weitere laß seine Sorge sein. Und wenn du glaubst, er verläßt dich, wenn er ein unüberwindliches Hindernis auf deinem Wege liegen läßt, so nur, weil er auf dich vertraut. Denn er sagt sich: Bei der kleinen Jeanne kann ich diesen Berg ruhig lassen, ich hab so viel zu tun – sie wird sich Hände und Knie blutig schinden, ich kenne sie, aber sie wird damit fertig werden. Jedesmal, wenn er ein hohes Hindernis auf deinem Weg liegen läßt, dann mußt du sehr stolz sein, Jeanne. Dann bürdet dir Gott einen Teil seiner Arbeit auf.«

Eine kleine Pause, dann fragt sie nochmals: »Und glaubt Ihr, unser Herrgott könne es zugeben, daß man Vater und Mutter weinen läßt und sie vor Kummer tötet, wenn man fortgeht? Es ist alles so schwer zu begreifen.«

»Der Herr sprach: Ich bringe euch nicht den Frieden, sondern das Schwert ... Ich bin gekommen, auf daß der Bruder gegen den Bruder sich erhebe und der Sohn sich gegen den Vater. Gott hat auch diesen Krieg gebracht, Jeanne. Gott ist nicht gekommen, um die Dinge leichter zu machen. Nicht von jedem verlangt er das Unmögliche. Allein von dir verlangt er es. Er glaubt nicht, daß irgend etwas für dich zu schwer sein könnte. Das ist alles.«

Jeanne steht wieder auf und antwortet einfach:

»Gut. Ich gehe.«

EINE STIMME *von irgendwoher aus dem dunklen Hintergrund:* Hochmütige!

JEANNE *ist erschrocken herumgefahren, dann fragt sie:* Wer hat »Hochmütige« gerufen? *Eine kleine Pause, dann antwortet sie selbst mit der Stimme des Erzengels.*

»Du selbst, Jeanne. Und sobald du begonnen haben wirst, was Gott von dir verlangt, wird dich alle Welt so heißen. Du mußt sehr demütig auf Gottes Hand vertrauen, damit du den Mantel des Hochmuts tragen kannst.«

»Es wird sehr schwer sein, Herr.«

»Ja. Es ist sehr schwer. Gott weiß, daß du stark bist.« *Schweigen. Sie blickt starr vor sich hin. Doch dann wird sie wieder zum jungen Mädchen. Freudig und entschlossen schlägt sie sich auf die Schenkel und ruft:* Gut. Es ist beschlossen! Da gibt's nichts mehr zu rütteln. Ich werde zu meinem Onkel Durand gehen. Mit dem hab ich noch immer gemacht, was ich wollte. Den wickle ich mir um den Finger. Ich küsse ihn auf beide Wangen, setze mich auf seinen

Schoß, und er kauft mir ein nagelneues Kopftuch und führt mich
nach Vaucouleurs.

DER BRUDER *der noch immer in seiner Nase bohrt, ist nähergetreten:*
Du bist schön dumm! ... Warum hast du das alles den Eltern auf
die Nase gebunden? *Er kommt noch näher.* Wenn du mir einen
Sou schenkst, dann halt ich das nächste Mal den Mund, wenn ich
dich mit deinem Liebhaber sehe.

JEANNE *stürzt sich auf ihn:* Ah! Du hast es ihnen also verraten, du
Schuft! Du hast mich verpfiffen, du kleines Schwein! Da! Da hast
du deinen Sou, du Speckkopf! Ich werd dir zeigen, wie man
verpetzt!

Jean Anouilh: Jeanne oder Die Lerche. Schauspiel
in zwei Teilen. Aus dem Frz. übertr. von Franz
Geiger. Stuttgart 1965 [u. ö.]. (Reclams Universal-
Bibliothek. Nr. 8970.) S. 5–23. © Albert Langen
Georg Müller Verlag GmbH, München.

VII. Literaturhinweise

Verzeichnis der von Schiller benutzten Literatur s. Kap. II,3.

1. Bibliographien

Schiller-Bibliographie [der Nationalen Forschungs- und Gedenkstätten der klassischen deutschen Literatur, Weimar]. 1893–1958. Bearb. von Wolfgang Vulpius. Weimar 1959. – 1959–1963. Bearb. von W. V. Berlin/Weimar 1967. – 1964–1974. Bearb. von Peter Wersig. Berlin/Weimar 1977.

Schiller-Bibliographie [der Deutschen Schillergesellschaft, Marbach a. N.]. 1959–1961. [Von] Paul Raabe und Ingrid Bode. In: Jahrbuch der Deutschen Schillergesellschaft 6 (1962) S. 465–553. – 1962–1965. [Von] I. B. Ebd. 10 (1966) S. 465–505. – 1966–1969 und Nachträge. [Von] I. B. Ebd. 14 (1970) S. 584–636. – 1970–1973 und Nachträge. [Von] I. Hannich-Bode. Ebd. 18 (1974) S. 642–701. – 1974–1978 und Nachträge. [Von] I. H.-B. Ebd. 23 (1979) S. 549–612.

2. Ausgaben, Dokumente

Kalender auf das Jahr 1802. Die Jungfrau von Orleans. Eine romantische Tragödie von Schiller. Berlin bei Johann Friedrich Unger [1801].

Theater von Schiller. Erster Band. Mit dem Porträt der Johanna d'Arc. Tübingen in der J. G. Cottaschen Buchhandlung 1805.

Schillers Werke. T. 5. Abt. 2: Maria Stuart. Die Jungfrau von Orleans. Hrsg. von Robert Boxberger. Berlin/Stuttgart [o. J.]. (Deutsche National-Litteratur. Hrsg. von Joseph Kürschner. Bd. 122/II.)

Schillers Sämtliche Werke. Säkular-Ausgabe. Hrsg. von Eduard von der Hellen. Bd. 6: Maria Stuart. Die Jungfrau von Orleans. Mit Einl. und Anm. von Julius Petersen. Stuttgart/Berlin [o. J.]. [Zit. als: Säkular-Ausg.]

Schillers Werke. Nationalausgabe. Begr. von Julius Petersen, hrsg. von Lieselotte Blumenthal und Benno von Wiese. Weimar 1943 ff. [Zit. als: NA.] Bd. 9: Maria Stuart. Die Jungfrau von Orleans. 1948. – Bd. 23: Schillers Briefe 1772–85. 1956. – Bd. 28: Schillers Briefe 1795–96. 1969. – Bd. 30: Schillers Briefe 1798–1800. 1961. – Bd. 38/I: Briefe an Schiller 1798–1800. Text 1975. – Bd. 42: Schillers Gespräche. 1967.

Die Heilige Johanna. Schiller, Shaw, Brecht, Claudel, Mell, Anouilh. Theater der Jahrhunderte. Hrsg. von Joachim Schondorff. München 1964.

Schillers Briefe. Hrsg. und mit Anm. vers. von Fritz Jonas. Krit. Gesamtausg. 7 Bde. Stuttgart/Leipzig [u. a.] 1892–96. [Zit. als: Jonas.]

Schillers Briefwechsel mit Körner. Von 1784 bis zum Tode Schillers. 2 Bde. 2., verm. Aufl. hrsg. von Karl Goedeke. Leipzig 1874.

Schiller im Urtheile seiner Zeitgenossen. Ges. und hrsg. von Julius W. Braun.
  Bd. 1/2. Leipzig 1882. Bd. 3. Berlin 1882.
Schiller und sein Kreis in der Kritik ihrer Zeit. Hrsg. von Oscar Fambach.
  Berlin [Ost] 1957.
Friedrich Schiller. Hrsg. von Bodo Lecke. Bd. 2: Von 1795–1805. München
  1970. (Dichter über ihre Dichtungen.) [Zit. als: Lecke.]
Schiller – Zeitgenosse aller Epochen. Dokumente zur Wirkungsgeschichte
  Schillers in Deutschland. Eingel. und komment. von Norbert Oellers. T. 1:
  1782–1859. Frankfurt a. M. 1970. T. 2: 1860–1966. München 1976.

Quicherat, Jules Étienne Joseph: Procès de condamnation et de réhabilitation
  de Jeanne d'Arc dite la Pucelle. 5 Bde. Paris 1841–49.
Jeanne d'Arc. Dokumente ihrer Verurteilung und Rechtfertigung 1431, 1456.
  Übers. und eingel. von Ruth Schirmer-Imhoff. Köln 1956.

Zu Schillers historischen Quellen s. S. 52 und 54.

3. Forschungsliteratur

Bauer, Roger: Schillers Ruhm in Frankreich. In: Günther, Vincent J. / Koop-
  mann, Helmut [u. a.] (Hrsg.): Untersuchungen zur Literatur als Geschichte.
  Festschr. für Benno von Wiese. Berlin 1973. S. 155–170.
Becker, Eva D. (Hrsg.): Schiller in Deutschland 1781–1970. Materialien zur
  Schiller-Rezeption. Frankfurt a. M. 1972.
Binder, Wolfgang: Grundformen der Säkularisation in den Werken Goethes,
  Schillers und Hölderlins. In: Zeitschrift für deutsche Philologie 83 (1964)
  Sonderh. S. 42–69.
Blankenagel, John C.: Shaw's »Saint Joan« and Schiller's »Jungfrau von
  Orleans«. In: The Journal of English and Germanic Philology 25 (1926)
  S. 379–392.
Bostock, J. Knight: The Maid of Orleans in German Literature. In: Modern
  Language Review 22 (1927) S. 298–309.
Braemer, Edith: Schillers romantische Tragödie »Die Jungfrau von Orleans«.
  In: Wissenschaftliche Zeitschrift der Friedrich-Schiller-Universität Jena. Ge-
  sellschafts- und sprachwissenschaftliche Reihe 5 (1955/56) S. 79–109. Auch
  in: E. B. / Ursula Wertheim: Studien zur deutschen Klassik. Berlin 1960.
  S. 215–296.
Buchwald, Reinhard: Schiller. Bd. 2: Der Weg zur Vollendung. Neue, bearb.
  Ausg. Wiesbaden ⁵1966.
Burschell, Friedrich: Friedrich Schiller in Selbstzeugnissen und Bilddokumen-
  ten. Hamburg 1958 [u. ö.].
– Schiller. Reinbek 1968.
Cysarz, Herbert: Schiller. Halle a. d. S. 1934. Repr., mit neuem krit. Nachw.
  Tübingen 1967.
Düntzer, Heinrich: Schillers Jungfrau von Orleans. 2., durchges. und erw.
  Aufl. Leipzig 1878.
Eggli, Edmond: Schiller et le Romantisme Français. 2 Bde. Paris 1927.
Fowler, Frank M.: Hebbel, Jeanne d'Arc and »Die Jungfrau von Orleans«. In:
  Hebbel-Jahrbuch 1974. S. 126–138.

Frey, John R.: Schiller in Amerika. Insbesondere in der amerikanischen Forschung. In: Jahrbuch der Deutschen Schillergesellschaft 3 (1959) S. 338–367.

– Schillers Schwarzer Ritter. In: The German Quarterly 32 (1959) S. 302 bis 315.

Graham, Ilse: Schiller's Drama. Talent and Integrity. London 1974.

Grenzmann, Wilhelm: Die Jungfrau von Orleans in der Dichtung. Berlin 1929. (Stoff- und Motivgeschichte der Deutschen Literatur. Bd. 1.)

Gutmann, Anni: Schillers »Jungfrau von Orleans«. Das Wunderbare und die Schuldfrage. In: Zeitschrift für deutsche Philologie 88 (1969) S. 560–583.

Gutmann, Anni: Der bisher unterschätzte Einfluß von Voltaires »Pucelle« auf Schillers »Jungfrau von Orleans«. In: Peter Brockmeier / Roland Desne [u. a.]: Voltaire und Deutschland. Quellen und Untersuchungen zur Rezeption der französischen Aufklärung. Stuttgart 1979. S. 411–423.

Hilty, Hans Rudolf: Jeanne d'Arc bei Schiller und Anouilh. Skizzen zu einer Geistesgeschichte des modernen Dramas. St. Gallen 1960.

Ide, Heinz: Zur Problematik der Schiller-Interpretation. Überlegungen zur »Jungfrau von Orleans«. In: Jahrbuch der Wittheit zu Bremen 8 (1964) S. 41–91.

Jan, Eduard von: Das literarische Bild der Jeanne d'Arc (1429–1926). Halle a. d. S. 1928.

– Das Bild der Jeanne d'Arc in den letzten zehn Jahren. In: Romanistisches Jahrbuch 12 (1961) S. 136–150.

Kaiser, Gerhard: Johannas Sendung. Eine These zu Schillers »Jungfrau von Orleans«. In: Jahrbuch der Deutschen Schillergesellschaft 10 (1966) S. 205–236. Auch in: G. K.: Von Arkadien nach Elysium. Schiller-Studien. Göttingen 1978. S. 104–136.

– Vergötterung und Tod. Die thematische Einheit von Schillers Werk. Stuttgart 1967.

Koopmann, Helmut: Friedrich Schiller II: 1794–1805. Stuttgart 1966. (Sammlung Metzler. Bd. 51.)

Lebede, Hans: Zur Bühnengeschichte der »Jungfrau von Orleans«. In: Der Zwinger 2 (1918) S. 332 f.

Liepe, Wolfgang: Schillers »Jungfrau von Orleans«. In: W. L.: Das Religionsproblem im neueren Drama von Lessing bis zur Romantik. Halle a. d. S. 1914. Repr. Walluff 1972. S. 28–45.

– Friedrich Schiller und die Kulturphilosophie des 18. Jahrhunderts. Zur Deutung der »Jungfrau von Orleans«. In: Germanic Review 16 (1941) S. 97–107.

Mann, Golo: Schiller als Historiker. In: Friedrich Schiller 1759–1959. Schiller-Zyklus der Goethe-Gesellschaft Hannover im Jahre 1959. Stuttgart 1960.

May, Kurt: Friedrich Schiller. Idee und Wirklichkeit im Drama. Göttingen 1948.

Merian-Genast, Ernst: Schillers »Jungfrau von Orleans« und Shaws »Heilige Johanna«. In: Zeitschrift für Deutschkunde 40 (1926) S. 584–591. Wiederabdr. in: Elfriede Neubuhr (Hrsg.): Geschichtsdrama. Darmstadt 1980. S. 347–358.

Minor, Jakob: Schiller. Sein Leben und seine Werke. Berlin 1890.

Müller, Gerd: Brechts »Heilige Johanna der Schlachthöfe« und Schillers »Jungfrau von Orleans«. Zur Auseinandersetzung des modernen Theaters mit der
klassischen Tradition. In: Orbis litterarum 14 (1969) S. 182–200.

Reinhardt, Karl: Sprachliches zu Schillers »Jungfrau von Orleans«. In:
Akzente 2 (1955) S. 206–222. Auch in: K. R.: Tradition und Geist. Göttingen 1960. S. 366–380.

Richards, David B.: Mesmerism in »Die Jungfrau von Orleans«. In: Publica-
tions of the Modern Language Association of America 91 (1976) S. 856–870.

Sauder, Gerhard: Die Jungfrau von Orleans. In: Walter Hinderer (Hrsg.):
Schillers Dramen. Neue Interpretationen. 2., durchges. und bibliogr. ern.
Aufl. Stuttgart 1983. S. 217–241.

Sautermeister, Gert: Idyllik und Dramatik im Werk Friedrich Schillers. Zum
geschichtlichen Ort seiner klassischen Dramen. Stuttgart 1971. (Studien zur
Poetik und Geschichte der Literatur. Bd. 17.)

Sellner, Timothy F.: The Lionel-Scene in Schiller's »Jungfrau von Orleans«. A
Psychological Interpretation. In: The German Quarterly 50 (1977)
S. 264–282.

Sternberger, Dolf: Talbot, der einzig Nüchterne. In: D. St.: Figuren der Fabel.
Berlin 1950. S. 129–140.

Storz, Gerhard: Der Dichter Friedrich Schiller. Stuttgart ²1959.

– Schiller: »Die Jungfrau von Orleans«. In: Benno von Wiese (Hrsg.): Das
deutsche Drama vom Barock bis zur Gegenwart. Interpretationen. Bd. 1.
Düsseldorf 1958 [u. ö.]. S. 322–338.

– Jeanne d'Arc in der europäischen Dichtung. In: Jahrbuch der Deutschen
Schillergesellschaft 6 (1962) S. 107–148.

Stuckert, Franz: Rationalismus und Irrationalismus in Schillers »Jungfrau von
Orleans«. In: Zeitschrift für Deutschkunde 48 (1934) S. 93–106.

Valentin, Veit: Die Behandlung von Schillers »Jungfrau von Orleans« in
Wissenschaft und Schule. In: Zeitschrift für den Deutschen Unterricht 10
(1896) S. 670–690.

Wertheim, Ursula: Schillers Auseinandersetzung mit den Ereignissen der
Französischen Revolution. In: Wissenschaftliche Zeitschrift der Friedrich-
Schiller-Universität Jena. Gesellschafts- und sprachwissenschaftliche Reihe 8
(1958/59) S. 429–449.

Wiese, Benno von: Schiller. Eine Einführung in Leben und Werk. Stuttgart
1955 [u. ö.]. (Reclams Universal-Bibliothek. Nr. 7870.)

– Friedrich Schiller. Stuttgart 1959.

Wilpert, Gero von: Schillerchronik. Sein Leben und Schaffen. Stuttgart 1958.
(Kröners Taschenbuch. Bd. 281.)

Zeller, Bernhard: Schillers Leben und Werk in Daten und Bildern. Frankfurt a. M. 1966.

Der Verlag Philipp Reclam jun. dankt für die Nachdruckgenehmigung den
Rechteinhabern, die durch den Quellennachweis oder einen folgenden Copy-
rightvermerk bezeichnet sind. Für einige Autoren waren die Rechtsnachfolger
nicht festzustellen. Hier ist der Verlag bereit, nach Anforderung rechtmäßige
Ansprüche abzugelten.